LE
REPOS DU DIMANCHE
DANS L'INDUSTRIE

THÈSE POUR LE DOCTORAT

Présentée et soutenue le mardi 18 avril 1899, à 8 h. 1/2

PAR

P**AUL** E**NGELMANN**

PARIS

LIBRAIRIE NOUVELLE DE DROIT ET DE JURISPRUDENCE

ARTHUR ROUSSEAU

ÉDITEUR

14, RUE SOUFFLOT ET RUE TOULLIER, 13

1899

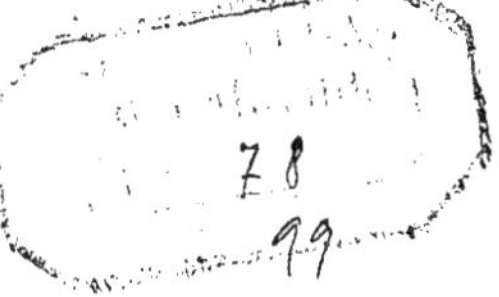
78
99

8° F
11334

THÈSE

POUR LE DOCTORAT

R.F. BIBLIOTHÈQUE NATIONALE

8 F

1133 h

La Faculté n'entend donner aucune approbation ni improbation aux opinions émises dans les thèses : ces opinions doivent être considérées comme propres à leurs auteurs.

LE

REPOS DU DIMANCHE

DANS L'INDUSTRIE

THÈSE POUR LE DOCTORAT

L'ACTE PUBLIC SUR LES MATIÈRES CI-APRÈS

Sera soutenu le mardi 18 avril 1899, à 8 h. 1/2

PAR

Paul ENGELMANN

Président : M. JAY.

Suffragants : { MM. CAUWÈS, DESCHAMPS, } *professeurs.*

PARIS

LIBRAIRIE NOUVELLE DE DROIT ET DE JURISPRUDENCE

ARTHUR ROUSSEAU

EDITEUR

14, RUE SOUFFLOT ET RUE TOULLIER, 13

1899

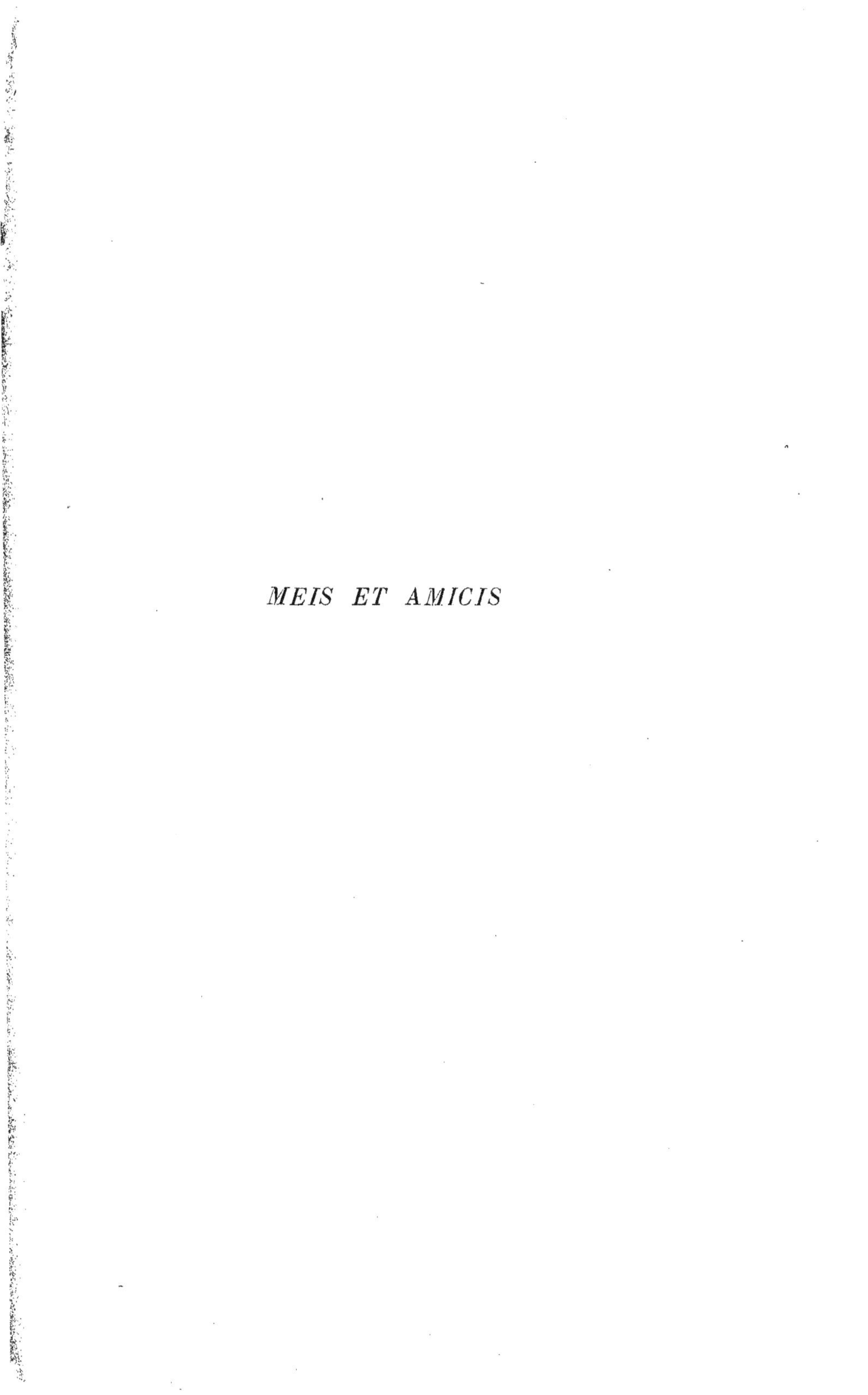

MEIS ET AMICIS

LE REPOS DU DIMANCHE

DANS L'INDUSTRIE

INTRODUCTION

Le progrès de la civilisation se marque par l'amélioration des mœurs, mais aussi par l'institution de lois nouvelles, qui protègent de mieux en mieux les droits des citoyens. La législation du travail a fait au XIXe siècle de grands progrès : de son côté l'ouvrier a pris l'habitude d'exiger, par lui-même, certains droits, et le patron de les lui accorder : et cependant, ni les lois ni les mœurs n'ont pu définitivement jusqu'ici établir une réglementation du repos. Les femmes, les mineurs, les adultes même, ont bénéficié de lois de protection ouvrière, qui touchaient soit à la durée du travail quotidien, soit aux mesures d'hygiène et de sécurité ; mais la législation, en France, s'est toujours refusée à établir l'obligation du repos hebdomadaire pour les adultes.

Le besoin de réglementation du repos se fait cependant impérieusement sentir : le tableau lamentable des misères, qu'engendre le travail ininterrompu dans l'industrie, n'est plus à refaire ; la santé de l'âme et du corps semble le prix de la richesse industrielle ; les vrais biens sont la rançon de la richesse proprement dite : la liberté et la dignité de l'homme s'inclinent devant la nécessité de la production et le besoin d'accroissement de la fortune des particuliers et des États. Le repos de l'ouvrier adulte n'est pas le seul moyen capable de refaire l'État et le citoyen, mais il est un des moyens les plus efficaces, et c'est à ce titre que l'ont imposé les législateurs étrangers et qu'on l'a proposé en France dans les Chambres, en 1841, en 1874, et en 1892. L'initiative privée s'est émue, et de toutes parts on voit s'élever des plaintes contre la continuité du travail et ses conséquences, et se manifester des aspirations ardentes vers un régime de repos.

Si donc la réglementation par la loi se fait attendre, en France, c'est que le problème est très complexe. Un premier ordre de difficultés naît de la question de savoir si l'État doit intervenir dans le contrat de travail, si ses droits s'étendent jusque-là, si la loi ne porterait pas atteinte aux droits essentiels des citoyens, à leur liberté, si même elle n'entraverait pas le développement de la fortune publique et les grands intérêts de la patrie. Si ces objections sont fondées, l'intervention de l'État ne se justifie pas, et d'avance, une loi, qui imposerait l'obligation du repos, ne serait pas même légitime. On comprend par suite que le premier effort des partisans d'une loi nouvelle doit tendre à en démontrer *la légiti-mité*, par une théorie générale de l'intervention de l'État, qui enveloppe le cas particulier du repos.

Mais, en vain, la loi serait-elle légitime, si elle n'est pas possible ; il ne suffit pas de faire des lois, il faut qu'elles puissent être respectées. Les faits seuls ici sont éloquents : la possibilité d'une mesure s'apprécie en fait, et d'après l'application de mesures semblables, soit dans d'autres pays, soit dans le nôtre, soit encore dans des matières analogues : l'expérience est le vrai guide ; c'est ainsi que la facilité, avec laquelle les nations étrangères ont fait respecter l'obligation du repos et avec laquelle nos inspecteurs du travail constatent que les industriels la respectent au regard des personnes protégées, est d'un haut enseignement. La réglementation nouvelle serait-elle vue d'un mauvais œil, contraire aux mœurs ? ce sont encore les faits qui peuvent donner la réponse à cette question. *La possibilité* d'une loi est, pour un législateur pratique, une considération de premier ordre : un second effort doit donc viser à mettre en pleine lumière l'existence de cette possibilité.

Enfin, si la loi est légitime et possible, que doit-elle être ? quelles prescriptions doit-elle contenir ? le repos doit-il être hebdomadaire, ou décadaire ? doit-il être régulier ou irrégulier ? dominical ou fixé à un jour quelconque de la semaine ? peut-elle s'appliquer à toutes les branches de l'industrie, ou comporte-t-elle des exceptions ? comment faut-il qu'elle soit sanctionnée ? Ce sont autant de questions délicates qui feront l'objet de la troisième partie de notre étude.

Sans doute, le repos hebdomadaire peut paraître à certains esprits une exigence de la religion, et à bon droit ; mais ce point de vue ne sera pas exclusif ; notre intention est de justifier la nécessité du repos hebdomadaire et de l'intervention de l'État par des raisons purement sociales que la raison religieuse viendra, quant à nous, corroborer. Nous nous limiterons à l'étude de la nécessité du repos dans l'industrie seulement, pour plus d'une raison : le sujet par lui-même est assez vaste déjà et assez difficile à embrasser d'un seul coup ; de plus, nos lois actuellement en vigueur, ne visent que le travail industriel et notre désir serait une extension de la loi de 1892 aux adultes et la fixation du repos au dimanche ; enfin, il semble, qu'en l'état des mœurs et des opinions, actuellement, le travail industriel paraît plus digne d'une protection immédiate qui serait admise dès le premier jour, par tous, industriels et ouvriers.

PREMIÈRE PARTIE

LÉGITIMITÉ DE L'INTERVENTION
DE L'ÉTAT

Toutes les fois qu'il a été question de réglementer le
travail, les discussions ont toujours gravité autour du
même centre. L'État a-t-il le droit d'intervenir ? Dans
quelles limites son action doit-elle se renfermer ? Quels
sont les droits de l'État en regard de ceux des individus ?
C'est ce que prouvent les débats, qui ont précédé les
lois françaises de 1841, de 1874 et de 1892 : nous ne
les suivrons pas dans notre exposé des droits de l'État ;
nous les retrouverons plus tard dans notre étude histo-
rique ; à un point de vue purement théorique, essayons
de débarrasser le terrain des obstacles qui l'encom-
brent, en définissant le droit d'intervention de l'État et
ses limites.

CHAPITRE PREMIER

Toutes les fois que l'État crée dans une loi une prohibition nouvelle, il se trouve des gens qui prétendent
qu'il a outrepassé ses droits et qu'il n'avait pas à légiférer sur cette matière : les protestations de cet ordre
sont surtout nombreuses quand il s'agit de la réglementation du travail. Les arguments des non-intervention-
nistes peuvent être ramenés à trois ; ils sont tirés de la
fatalité des lois économiques, du droit de l'homme à la
liberté de contracter, d'une conception très étroite des
devoirs de l'État.

L'école libérale tout entière soutient que l'État ne
doit pas intervenir, mais au contraire qu'il doit pratiquer la maxime : « Laisser faire, laisser passer ».
M. Lestiboudois en 1840, M. Ducarre en 1872, M. Fré-
déric Passy en 1888 ont soutenu cette théorie à la Chambre des députés et à l'Assemblée nationale. Les lois économiques sont inéluctables et les conditions du travail
en particulier sont déterminées par le milieu économique, par des cironstances et des lois qui ne dérivent
pas de la volonté humaine : à quoi bon réglementer

le travail comme si ces lois étaient libres, puisqu'au contraire il est soumis à des lois naturelles qui sont fatales? La loi civile pourra-t-elle modifier des lois naturelles? par exemple, le salaire se fixe d'après le coût de production, d'après le prix de vente, d'après la concurrence des ouvriers et des acheteurs... et tous ces faits sont soumis à la nécessité. Une réglementation par le code est donc inutile et absurde : réglementera-t-on la production des faits physiques ou chimiques? Ajoutons que l'école libérale est optimiste, et que les optimistes sont rarement portés à légiférer pour modifier un état de chose qui leur semble excellent.

Il y a une confusion au fond de cet argument ; c'est celle de la loi économique considérée en elle-même et de l'action de notre volonté sur cette loi : la loi économique est fatale, nécessaire, donc, dit-on, inéluctable pour notre volonté. La chaleur dilate les corps, cela est nécessaire, c'est-à-dire, la chaleur une fois donnée, le corps qu'elle atteint se dilate ; de même un homme en colère prend des décisions violentes, de même sur un marché la supériorité de l'offre sur la demande engendre l'avilissement des prix. Mais cela ne signifie pas que l'homme ne puisse empêcher la chaleur d'exister, ou un corps d'être à proximité du foyer de chaleur, ni qu'un homme ne puisse éviter à son semblable des mouvements de colère, ni que l'État ne puisse gêner l'encombrement des marchés, ce dont il ne se fait pas faute d'ailleurs par des mesures protectionnistes. Sans doute dans des lois nécessaires, si la cause est présente, l'effet s'ensuit nécessairement, mais nous pouvons empêcher la cause d'être présente.

Si l'on nous objecte que l'intervention de la volonté de l'homme sera funeste, parce qu'elle rompt l'harmonie que la nature établit spontanément entre toutes choses, nous répondrons que cette harmonie est une illusion ou tout au moins qu'elle est indémontrable, qu'elle n'est qu'une supposition trop optimiste. si l'on envisage les misères qui accablent l'homme, et les efforts de notre lutte incessante contre cette nature. Que deviendrait l'homme s'il ne se fiait qu'à cette bonté de la nature? Que signifieraient ses efforts? Dans les faits économiques comme dans les autres, l'abdication de l'homme, son laisser-aller, son obéissance à la loi qu'il subirait, seraient la négation même de son essence, c'est-à-dire d'une liberté qui se possède et qui tend à maîtriser et à soumettre les choses extérieures.

Sans être économiste, on peut, au nom de la liberté de l'homme, nier l'opportunité de l'intervention de l'État. L'ouvrier fait un contrat libre avec son patron pour fixer les conditions de son travail et de son salaire : ainsi il peut dire qu'il travaillera tous les jours sans interruption, ou bien au contraire qu'il ne travaillera que cinq jours sur sept ; le patron à son tour peut rejeter ces conditions : tout contrat suppose un consentement libre. Les conventions légalement formées tiennent lieu de loi à ceux qui les ont faites (art. 1134, C. civ.). L'État doit respecter la liberté des contrats, ce qu'il ne ferait pas s'il réglementait les conditions du travail. Cette argumentation a été longuement développée dans la discussion de la loi de 1892 à la Chambre, où l'on cita même l'opinion de M. Accolas qui écrivait sur ce point, que jamais la loi ne pourrait empêcher certains individus d'être victimes de leur infériorité intellectuelle dans leurs contrats. Supposons pour un instant que l'ouvrier et le patron soient libres, en fait, de contracter, ce qui n'arrive presque jamais, ni pour l'ouvrier qui a besoin de travailler, ni pour le patron qui a parfois besoin de l'ouvrier. Mais en droit, qu'est-ce donc que cette liberté que l'État doit laisser aux citoyens, quelle est cette chose sacrée à laquelle on interdit si formellement de toucher? Le mot de liberté est l'un des plus employés et l'un des plus mal compris. Théoriquement qu'est-ce que la liberté? « L'homme est libre », signifie en apparence : « l'homme peut faire tout ce qu'il veut, tout ce qui lui plaît, sa liberté est infinie ». Rien n'est plus contraire que cette conception, à l'observation de la nature humaine et même à la démonstration de ce que doit être la liberté, envisagée dans l'homme lui-même, abstraction faite de la société.

Prenons un homme isolé, une sorte de Robinson Crusoé ; en quoi est-il libre? Il veut tout ce qui ne contrarie ni son cœur c'est-à-dire ses aspirations, ses appétits, ses passions, ni son intelligence, c'est-à-dire ce qu'il croit lui être favorable, ce qu'il croit devoir faire,

parce que cela est bon ou lui paraît tel : il ne veut que
ce qu'il aime et que ce qu'il connaît. Ajoutons qu'il ne
veut que ce qu'il peut et qu'il se borne à désirer, mais
sans le vouloir, tout ce qui dépasse ses forces et ses
moyens. On pourrait objecter qu'il peut vouloir tout,
même contrarier son cœur, son intelligence, vouloir
d'une manière absurde, tout ce qui lui apportera dou-
leur et contrainte ; soit, en ce sens, sa liberté serait
infinie, mais en théorie, idéalement pour ainsi dire. Mais
si l'on observe la nature telle qu'elle est, on verra bien
que l'homme exerce sa volonté dans le sens de ses tendances, et de sa connaissance du bien. L'idée de l'infinité de la liberté est fausse, même envisagée dans l'individu seul, isolé ; la liberté n'est ici déjà que le pouvoir
d'obéir à la raison et au cœur.

Mais prenons maintenant un homme qui fait partie
d'une société ; la fausse conception de la liberté inspire
l'opinion suivante : « chaque membre de la société est
libre de vouloir ce qui lui plaît comme s'il était seul,
comme si la société n'avait pas d'appétits et d'aspirations communes ». Or une société est un organisme ;
chaque organe doit contribuer à la vie du tout, la vie
du tout doit contribuer à la vie de chaque organe.
M. Leroy-Beaulieu proteste contre cette comparaison.
Mais enfin l'État est bien un organisme au sens large du
mot, un système, un tout dont les parties sont bien
liées entre elles, ou bien il n'est qu'un mot. Il est inutile alors, pour démontrer que la liberté de l'homme

social est limitée, de remonter à un contrat social et à une aliénation volontaire de liberté, comme le fait Rousseau. Il n'y a qu'à constater les conditions dans lesquelles la société est possible, pour savoir à quelles exigences sont soumis ceux qui en font partie. Il n'est pas douteux que la liberté de chacun consiste à faire ce qui ne nuit pas aux autres et que dans beaucoup de cas, l'État peut lui-même exiger l'accomplissement d'actions qui seront utiles aux autres. Le mot liberté ne peut faire peur à ceux qui réclament l'intervention de l'État, car nous définissons la liberté, pour l'homme en société : « Le droit de faire ce qui ne nuit pas aux autres ». Si chez l'homme seul la liberté est limitée par le cœur et la raison, chez l'homme social, la liberté sociale est limitée par les aspirations, par la vie et par la conscience nationale.

Mais qu'est-ce donc en fait maintenant que cette liberté de l'ouvrier ? Dans la séance du 22 mars 1892, au Sénat, le ministre s'écriait : « Je voudrais bien savoir s'il est conforme à la nature réelle des choses de l'invoquer dans les conditions d'existence actuelle de l'industrie, au milieu des conquêtes chaque jour grandissantes de la science. Ne faut-il pas nécessairement tenir compte de ces ateliers gigantesques, qui ressemblent à des villes par la multitude de ceux qui y coopèrent à la production nécessaire aux besoins de l'humanité ? La matière y est domptée, transformée par des forces nouvelles, que nos pères, eux qui ont proclamé les principes de 1789, ne soupçonnaient même pas et considéreraient aujourd'hui comme des mystères effrayants. Cette multitude de travailleurs est si étroitement asservie à ces mécanismes puissants. que l'ouvrier n'est même plus le collaborateur de la machine, mais seulement son témoin. Il semble fait uniquement pour contempler l'ouvrage qu'elle accomplit et il est l'esclave de la vapeur, de l'électricité, de la force motrice qui transforme le monde et qui fait sentir sa puissance même sur les âmes, sur les consciences, sur ce qui fut autrefois le domaine intégral de la liberté individuelle. » Tous les hommes ont en théorie la même liberté, mais en fait qu'un pauvre débatte les conditions d'un contrat avec un riche, le pauvre est sans conteste bien faible devant le riche. « La liberté du travail ? Est-ce qu'elle existe dans le système de production capitaliste où le prolétaire, sans garantie d'existence d'aucune sorte, est livré par la faim à un patron implacable qui n'a généralement à lui offrir qu'un labeur exténuant, irrégulier, arbitrairement commandé et mal payé (1) ? »

L'ouvrier est faible parce que le salaire est une question de subsistance : « Le pouvoir d'être libre dans un régime qui met la vie de l'ouvrier à la merci de l'offre et de la demande, qui le livre lui, sa femme et ses enfants à toutes les rigueurs d'une concurrence que rien ne peut modérer, qui n'impose à l'usage qu'on veut

____

(1) Benoist Malon, *Précis de socialisme*, p. 72.

faire de lui et des siens d'autre borne, que l'intérêt de ceux qui l'emploient, le pouvoir d'être libre, dans de telles conditions, quand le besoin de la subsistance est là qui presse, qui ne permet pas d'attendre, de choisir, ni d'hésiter, je dis que l'ouvrier ne l'a pas et que par conséquent il n'est pas libre (1) ? » Où donc est la liberté des contrats, en droit, pour le citoyen dont la société doit surveiller les actions si elles peuvent lui nuire ? Où est donc, en fait, la liberté de l'ouvrier en face des lois économiques et de la volonté du patron ? « La liberté, écrivait Louis Blanc, n'est pas que le droit, seulement le droit d'être libre : le pouvoir d'être libre, voilà la liberté. »

On objecte en troisième lieu que l'État ne doit protéger à la rigueur que les mineurs et les femmes, c'est-à-dire les faibles, mais qu'il n'a pas à défendre les adultes, qu'il doit se borner à faire respecter les devoirs de justice, dans lesquels rentre la protection des faibles et qu'il n'a pas à sanctionner les devoirs de charité, dans lesquels rentre la protection des forts. L'État peut contraindre le citoyen à être juste, mais non à être charitable.

M. Barboux s'exprime ainsi : « Non, le repos n'est point un droit, et ceux qui le prétendent vont, sans s'en douter peut-être, très directement au socialisme qui n'est pas simplement la confiscation des forces indivi-

(1) de Mun.

duelles et des richesses particulières, mais encore la transformation en règles positives et strictement obligatoires des préceptes de la morale et des devoirs de la fraternité. »

Ici encore il y a deux idées fausses, d'abord que l'ouvrier adulte est majeur pour la défense de ses intérêts par lui seul, et en second lieu que l'État ne doit que sanctionner les devoirs de justice.

Et d'abord il sera toujours vrai de dire : « Entre le fort et le faible, c'est la liberté qui opprime et la loi qui affranchit. » On se demande ce que cette idée de majeur peut avoir de sérieux quand il s'agit d'une loi de protection ouvrière. Majeur signifie « qui sait et peut faire ses affaires avec raison », et non « citoyen qui n'a pas besoin de la protection de la loi ». Est-ce donc que les lois de police et de sûreté ne protègent pas les majeurs sous prétexte qu'ils sont majeurs? La majorité s'entend de la raison et de la capacité des citoyens et non de la puissance, de la force qui leur permettrait de se passer de la protection de la loi. Celle-ci défend les femmes et les enfants parce qu'ils sont faibles ; mais l'ouvrier qui a une famille à nourrir et des besoins pressants, à quoi lui sert sa majorité? Est-il plus fort parce qu'il a vingt-cinq ans et l'obligation plus étroite et plus impérieuse de se soumettre à son patron ?

Quant à l'idée, si chère à beaucoup, que l'État n'a pas à intervenir pour obliger le citoyen à faire du bien à ses compatriotes, surtout si l'omission d'une bonne action peut entraîner des conséquences fâcheuses, elle repose sur des mots et non sur des choses.

Les devoirs de justice ont pour formule : « Ne faites pas aux autres ce que vous ne voudriez pas qu'on vous fît à vous-même » ; ceux de charité : « Faites aux autres ce que vous voudriez que l'on vous fît à vous-mêmes ». Les premiers sont négatifs et les autres positifs. Les moralistes eux-mêmes ajoutent que les premiers sont stricts, les autres larges, tout en étant également obligatoires, et si l'on insiste pour qu'ils précisent la différence, ils se rejettent sur la société qui a sanctionné les uns et non les autres, ce qui n'est pas justifier la solution du problème, qui consiste précisément en ceci : Pourquoi au point de vue moral, la société devrait-elle sanctionner les uns et non les autres? Cette distinction est trop dans les mots : « Nuire, c'est toujours faire du mal à quelqu'un, qu'on lui nuise par son action ou son abstention : pourrait-on soutenir que laisser mourir un homme de faim, faute de lui donner de la nourriture est une chose très différente de celle-ci : lui donner directement la mort? » Sans doute dans le premier cas on s'abstient, dans le second on agit, mais le mal consécutif du délit n'existe-t-il pas ? La loi civile, depuis longtemps, a assimilé dans certaines occasions l'abstention à l'action, quand il s'agit d'un mal qu'on pourrait empêcher. L'État doit empêcher de nuire d'une manière générale.

De la même idée procèdent ceux qui, comme MM. Léon

Say et Denys Cochin, soutiennent que les mœurs doivent tout faire, que la loi n'a pas à intervenir, car « il est digne d'un peuple comme le nôtre, il est digne d'hommes civilisés, de faire le bien parce que la conscience le veut et non parce que la loi l'impose (1) ». La persuasion en ce sujet ferait plus que la contrainte, la loi sur le travail des femmes et des enfants est mal observée : on a créé des inspecteurs que l'on trompe aisément.

Cette non-intervention ne peut se justifier que lorsque la loi est repoussée par les mœurs, d'une manière absolue, ce qui n'est pas le cas. M. de la Grasserie dans une brochure de 1895 lue au Congrès des sociétés savantes remarquait justement : « L'opinion publique n'aura jamais un courant assez uniforme pour qu'on puisse se dispenser de la contrainte de la loi. Il se produira ce qui a eu lieu pour les assurances ouvrières, qui ne sont devenues réelles qu'une fois rendues obligatoires » (page 77). Une loi ne serait même pas inutile, si elle ne faisait que sanctionner les mœurs existantes ; les Anglais attachent une grande importance à la réglementation existante, parce qu'elle peut rassurer les ouvriers sur les avantages qu'ils sont parvenus à conquérir. Au surplus, s'il n'y avait pas de loi, que ferait-on des patrons qui ne respecteraient pas les droits de l'ouvrier ?

De toute manière la loi doit sanctionner ce qui est

____

(1) *Bulletin de la ligue du repos du dimanche*, 1896, p. 166 et sq.

juste : « Direz-vous encore que notre amendement est inutile, parce que sans que la loi s'en mêle, le dimanche sera le jour de repos le plus généralement adopté ? il y aura des exceptions. Eh bien ! quand un intérêt sacré est en jeu, quand cet intérêt crée un droit, quand ce droit est en péril, ne fût-ce qu'au détriment d'une minorité, ne fût-ce même qu'au détriment d'une seule famille, au détriment d'un seul homme, il reste toujours le droit et la loi est tenue de le garantir (1). » M. Chesnelong répétait ainsi les paroles d'un des orateurs de 1848, M. Corne : « La loi ne peut pas transiger avec le droit. Ce qui est juste, il faut qu'elle le consacre ; ce qui est mal, il faut qu'elle le défende, qu'elle le réprime. »

Le problème du droit de l'État à intervenir ne peut se résoudre que par l'examen général du droit d'intervention de l'État dans les relations des citoyens entre eux et cette intervention elle-même ne peut reposer que sur la définition de l'État, de l'examen de ses droits et de ses devoirs.

(1) Séance du Sénat du 16 juillet 1891.

CHAPITRE II

L'État est une personne morale : c'est un support de droits et de devoirs, qui représente la collection des personnes qui constituent une société. De la définition même de la personne découlent les droits et les devoirs de l'État.

Toute personne est d'abord un individu, c'est-à-dire un tout, dont toutes les parties sont systématiquement liées, de telle sorte que la manière d'être de l'une entraîne la manière d'être de l'autre. Il y a solidarité entre tous les organes d'un individu ; blessez l'un d'eux, les autres sont atteints, améliorez l'un d'eux, les autres se perfectionnent. Toute personne possède l'intelligence et la raison, c'est-à-dire la faculté d'acquérir la science et de discerner en particulier le bien du mal. La raison est à un tel point un des éléments de la personnalité, que partout où elle manque, par exemple, chez les fous, la personnalité n'existe pas, et que partout où elle varie, par exemple chez les enfants, chez les hommes peu intelligents, peu cultivés, la personnalité varie et s'atténue, en même tempsque la responsabilité qui en est un corollaire. Pour être une personne il faut être libre, c'est-à-dire non pas faire ce que l'on veut sans raison, c'est-à-dire non pas posséder la liberté d'indifférence, mais vouloir ce qui semble être le bien, c'est-à-dire pouvoir obéir à la raison sans contrainte. Enfin toute personne tend au bonheur, qui est pour elle le signe de son épanouissement et de sa perfection.

Le devoir ne peut consister que dans l'achèvement de la nature d'un être. En effet, il est la règle qu'il faut suivre pour atteindre l'idéal. Qu'est-ce que l'idéal sinon ce que notre nature est en germe et en puissance, ce qu'elle pressent, ce qu'elle désire, ce qu'elle possède à la manière dont une inclination possède déjà son objet? Donc pour l'État, comme pour toute personne, le devoir consiste dans la recherche de l'individualité et de l'organisation de l'intelligence, de la science, de la liberté, de la vertu et du bonheur sous leur forme la plus parfaite. Tous les devoirs sont également obligatoires, bien que leur importance soit indifférente relativement. Mais que le mal provienne d'une action nuisible ou d'une abstention nuisible, il est également un mal et une faute. Tels sont les devoirs de l'État. La notion de droit étant corrélative de celle de devoir, l'État, comme toute personne, a le droit de s'organiser, de développer son intelligence, sa liberté et son bonheur.

C'est ici que la difficulté se présente. Les membres de l'État sont aussi des personnes qui ont les mêmes devoirs et les mêmes droits que l'État : il s'agit de concilier les contradictions, qui peuvent exister entre ces

deux libertés : la liberté de l'État et la liberté individuelle, ou bien encore la souveraineté de l'État et la
liberté de l'homme, c'est-à-dire la souveraineté de l'individu en tout ce qui dépend de lui. Dans ses rapports
avec les citoyens, l'État peut être conçu de trois manières : si l'individu est libre de faire tout ce qu'il veut, on
aboutit à une conception anarchiste de l'État, d'autres
disent libertaire. La devise de l'anarchie est laisser
faire, laisser passer. Ce système n'a qu'un but : annihi-
ler l'action gouvernementale. Plus de mesures destinées à encourager ou à protéger l'industrie, liberté
pleine et entière des conventions. Toute la puissance
est enlevée à l'autorité gouvernementale pour être donnée à l'initiative privée, sous prétexte qu'on peut faire le
bien commun en faisant le sien propre. On ne peut
s'arrêter à cette façon d'envisager l'État, puisqu'elle en
est la négation même. Pour que l'État puisse accomplir
sa fonction, il faut évidemment qu'il y ait une subordination des individus.

A cette conception s'oppose la théorie despotique ou
réglementaire, qui constitue la royauté absolue ; dans le
pays, où l'État est représenté par un roi, l'individu n'a
plus la moindre liberté, la liberté absolue est conférée à
l'État. Pour les partisans de la doctrine autoritaire, la
source de tous les maux dans l'industrie, c'est la concurrence limitative laissée aux particuliers. En faisant
disparaître la concurrence, on détruit la misère sous
toutes ses formes. Comment arriver à ce résultat, un

seul moyen s'est présenté à l'esprit des partisans de la doctrine autoritaire : enlever toute liberté à l'individu pour laisser place à l'État. D'une manière ou d'une autre, l'individu abdiquerait sa liberté en faveur de l'État et ce n'est que sur la question de savoir comment on enlèverait la liberté à l'individu que les autoritaires diffèrent entre eux. De quelque façon que l'individu aliène sa liberté, il n'en est pas moins vrai que dans le système qui nous occupe, l'État, chef d'industrie, est substitué aux entreprises particulières : Tout pour l'État et par l'État. La question est de savoir si l'État peut faire aussi bien ou mieux que les producteurs libres ? En premier lieu cette conception supprime un des deux éléments à concilier, seulement c'est le second, tandis que dans la théorie anarchiste, c'est le premier ; dans un tel État la personnalité de l'individu n'existerait plus. Infériorité quant au ressort de l'activité et impossibilité d'une direction intelligente et efficace, tels sont en second lieu deux autres vices fondamentaux de la doctrine autoritaire au point de vue économique. Là où il n'y a pas d'intérêt personnel, il n'y a pas de prise sur les hommes et c'est une forte erreur de croire qu'il y a un « point d'honneur du travail ». Et puis suppose-t-on un seul instant qu'il y ait une intelligence assez forte, une autorité assez puissante, pour adapter les innombrables fonctions aux professions, aux aptitudes de chacun ? « Quelle est donc l'autorité humaine qui aurait assez de sagacité pour assigner à chacun sa place dans la ruche industrielle ? (1). » Autant de considérations qui montrent suffisamment tout ce qu'il y a de fantaisiste et d'impossible dans cette doctrine du « Tout pour l'État et par l'État ».

Il faut donc revenir à un essai de conciliation dans lequel nous pouvons nous inspirer de ce que fait la nature dans un organisme vivant, ou de ce que ferait un bon administrateur ou un bon père de famille pour maintenir l'harmonie des organes ou des membres d'une société et d'une famille. L'État est, en effet, une association dans laquelle tous les citoyens doivent pouvoir atteindre leur perfection propre, tout en contribuant à la prospérité de l'ensemble. C'est en somme une association en vue du plus grand bien de tous et du plus grand bien de chacun. Aussi, au lieu de ne reconnaître qu'une seule force agissante, État ou individu, la doctrine éclectique reconnaît-elle les deux à la fois, quitte ensuite à donner à chacune d'elles le rôle et la place qui lui conviennent. Stuart Mill a donc parfaitement résumé la fonction et les droits de l'État en ces termes (2) : « L'État, tandis qu'il respecte la liberté de chaque individu, est obligé de surveiller avec soin la façon, dont il use du pouvoir, qui lui est accordé sur d'autres individus. Le droit individuel est de faire tout ce qui ne nuit pas, le droit social est d'empêcher tout ce qui nuit. »

(1) M. Cauwès, *Cours d'économie politique.*
(2) Stuart Mill, *De la liberté.*

Or il y a deux manières de nuire, l'une par les actions que l'on commet et l'autre par les actions que l'on ne fait pas et qui seraient bonnes : de plus comme l'État est à la fois le défenseur de ses propres droits et en même temps de ceux des citoyens, il y a quatre droits fondamentaux pour l'État : le premier et le second sont le droit d'exiger qu'on ne nuise ni à l'État ni à la personne par ses actions, ce qu'on appelle généralement la justice ; le troisième et le quatrième constituent le droit d'exiger des membres de la société des actions utiles à la communauté et à chacun de ses membres. Aucun de ceux qui comprennent le sens de la société, ne peut contester ces quatre droits. L'État peut les réclamer de tous, et même il aurait le droit d'empêcher l'individu de se nuire à lui-même : à plus forte raison peut-il empêcher les forts de nuire aux faibles. L'objet principal de la mission du pouvoir est d'être le gardien de la justice, mais cela ne veut pas dire qu'il doit se désintéresser du bien, que chacun doit se faire à lui-même et aux autres.

Mais, dira-t-on, le citoyen doit être libre de se nuire à lui-même, par exemple de détruire sa santé par l'abus de l'alcool ou par un travail dont il a lui-même fixé les conditions. Il est impossible d'admettre cette manière de voir, à moins de méconnaître la nature de l'État : personne n'a la liberté de nuire à l'État en se nuisant à lui-même. Nous verrons d'ailleurs que toutes les fois que l'ouvrier, pour un salaire, fait un contrat dangereux pour sa santé et qui amène l'épuisement de ses forces, il n'est pas le contractant libre que supposent tant d'économistes : mais le fût-il, qu'il faudrait encore, sans hésiter, revendiquer pour l'État le droit de protéger les citoyens malgré eux ; n'empêche-t-on pas avec raison l'usage de l'opium, de la morphine ?

Mais, dira-t-on encore, le citoyen ne doit pas être forcé de faire le bien, par exemple de travailler pour la prospérité de tous ! C'est encore une erreur : qu'on dise qu'il ne *peut pas* être forcé de faire le bien parce que le nombre des prescriptions serait trop grand, ou parce que l'État ne pouvant tout exiger, n'exige que les devoirs les plus importants, essentiels ; mais en droit qu'on ne dise pas que l'État n'a pas le droit d'exiger que chacun contribue à la vie du tout : que serait-ce alors que l'État ? à peine un mot vide de sens. On dirait cependant avec justesse que faire du bien est moins strictement exigible que ne pas nuire, mais enfin dans un État bien organisé, il serait ordonné de faire le bien : avec la civilisation, les attributions de l'État et ses règlements se multiplient (1).

Dans quelle sphère alors peut se mouvoir l'initiative individuelle ? L'individu peut faire tout ce qui ne nuit ni à l'État ni à ses concitoyens ; c'est ainsi qu'il a la liberté intérieure de penser et même d'exprimer sa pensée, pourvu qu'elle ne soit pas dangereuse pour la

____

(1) Voir Cauwès, *Cours d'économie politique*, t. I, p. 203.

société, c'est ainsi encore qu'il a la liberté et le choix des moyens, soit pour éviter une chose que la loi défend, soit pour exécuter un ordre qu'elle donne ; l'État ne défend pas de s'enrichir, de goûter des plaisirs, de se reposer, de voyager, à condition que le mal n'existe pas, et, pour tout dire d'un mot, *l'homme a toutes les libertés, sauf celle de faire le mal ; la liberté sociale ne peut être que la liberté de faire le bien.*

Appliquant ces considérations générales à la question du travail, nous verrons que l'État a le droit d'intervenir, puisque le travail est une fonction sociale, et non une marchandise, puisque le contrat de travail met en péril les forces de l'ouvrier au grand désavantage de celui-ci et de l'État, et puisqu'il est de l'intérêt de tous que l'État empêche de naître ces conflits entre les ouvriers et les patrons. Notre intention étant d'examiner la réglementation du repos, nous nous demanderons s'il est essentiel à l'État et aux citoyens, si au contraire le travail ininterrompu est nuisible et si l'obligation du repos peut nuire à un droit essentiel quelconque de l'employeur ou de l'employé.

CHAPITRE III

DU DROIT D'INTERVENTION DE L'ÉTAT DANS LA RÉGLEMENTATION DU REPOS.

La démonstration du droit d'intervention de l'État dans la réglementation du repos se compose, d'après nos prémisses, de trois parties : le travail ininterrompu est nuisible à l'État et à l'individu ; le repos est utile à l'État et à l'individu ; le repos ne nuit à personne et n'atteint personne dans aucun droit essentiel.

En premier lieu, le droit essentiel de l'État et de l'individu est le droit de conservation, tant dans leur vie physique, si l'on peut ainsi parler, que dans leur vie morale. La justice n'est satisfaite que s'il n'est pas porté atteinte à ce bien sacré, qui est la condition de tous les autres, la santé soit physique, soit morale, c'est-à-dire l'intégrité des fonctions du corps et de l'âme. Or quels sont les effets du travail ininterrompu pour l'État ? On a maintes fois constaté dans les discussions de nos lois, que le travail excessif détruit les forces et en particulier, les statistiques des listes de conscription sont éloquentes sur ce point. Or l'ininterruption du travail rentre dans l'excès de travail. La santé se délabre parce que physiquement il y a un abus de forces, mais aussi parce

que le travail continu est exclusif de la gaieté et de la
liberté d'allures qui sont nécessaires à la santé, parce
que les conditions dans lesquelles on goûte le repos de
la nuit sont vicieuses, la chambre étant trop étroite ou
malpropre, les vêtements et le corps sales, toute prescription hygiénique oubliée. Le suicide n'est qu'une
destruction totale et d'un seul coup de l'individu ; le
travail ininterrompu est un suicide plus long, à petits
coups, mais tout aussi sûr, c'est une maladie qui comporte d'autant moins de remèdes que la destruction est
plus lente et plus progressive. On parle beaucoup de
l'alcoolisme et de ses ravages, surtout dans les milieux
ouvriers ; mais ce qu'on ne voit pas, c'est que l'alcool
en est le *moyen*, mais l'excès de travail et le manque de
soins hygiéniques, la pauvreté de la nourriture en sont
la *cause*, l'ouvrier demande au petit verre l'illusion de
la force et de la vigueur. Et l'État est la collection de ces
malades, de ces êtres dégénérés ! Vienne une guerre,
vienne une lutte sur le terrain industriel ou commer-
cial ! les soldats sont là sur le papier, ils sont en nombre, mais la défaite a devancé la bataille : ce ne sont
pas les hommes libres, les légionnaires qui vont com-
battre, ce sont les esclaves de l'*ergastulum*, affaiblis par
la privation de lumière, les gladiateurs épuisés qui ont
perdu leur sang sur d'autres champs de bataille, dans
les usines et dans les ateliers. On ne saurait trop insis-
ter sur cette idée : si l'on aperçoit facilement que la vie
des individus est une lutte, on ne se rend pas assez

compte qu'il en est de même dans la vie de l'État, et même que la fonction de celui-ci au point de vue des relations extérieures, est la direction de la lutte contre les États rivaux sur quelque terrain qu'elle se livre. La santé morale du travailleur est-elle meilleure ? L'État qui est une somme de forces physiques est aussi une somme de forces morales, une collection d'âmes ; peu importe la métaphysique : les faits d'ordre spirituel, la pensée, l'honnêteté, le courage, resteront même si la substance spirituelle sombre sous les coups des matérialistes. Il y a un suicide moral, toutes les fois que la personne laisse dépérir son intelligence et son cœur par le manque de culture ou par un abaissement servile des facultés nobles devant les besoins inférieurs et grossiers. La culture de l'âme, qui oserait dire que l'ouvrier courbé sur son travail peut y songer ? La lecture est impossible sans un assez long repos et sans un entraînement qui a supposé le repos ; la réflexion est l'apanage des penseurs et des oisifs, dont le travail, pour ne pas être industriel, n'en est pas moins un travail fécond et producteur de richesses. L'indépendance de l'esprit qui peut s'ouvrir à l'étude, se rencontre-t-elle dans l'atmosphère de l'usine où la surveillance des machines tend toutes les puissances de l'ouvrier ? Les nobles appétits sont aussi l'apanage des esprits élevés ; le cœur est grand, si l'esprit est grand, ou du moins il peut l'être : on ne peut aimer que ce que l'on connaît, on ne peut désirer que l'idéal présenté par l'intelligence.

Et l'État est encore l'union de ces âmes, dont la spiritualité s'est retirée, de ces instincts et de ces appétits grossiers, qui ne se souviennent plus de la noblesse, que seule donne la contemplation de la lumière dans le repos et dans la possession de soi-même ! M. Brunner, le grand manufacturier suisse, disait (1) : « Moins par la faute des hommes que par la force des choses, la grande industrie désorganise la vie et comme conséquence la société tout entière. Telle qu'elle est aujourd'hui constituée, elle crée une race abâtardie au point de vue physique, intellectuel, moral, économique et qui va en s'affaiblissant encore de génération en génération. Elle tend de plus en plus à supprimer la classe moyenne et à diviser ainsi la population. Elle sape les fondements de la commune, de l'État et de la République. »

« N'est-il possible de filer le coton, la laine et la soie, par grandes masses et à bon marché en développant la puissance des machines, qu'au prix de cette effroyable série d'horreurs, la destruction de la famille, l'esclavage, la décrépitude et la démoralisation des enfants, l'ivrognerie des hommes, la prostitution des femmes, la décadence universelle et l'immoralité de la vie (2) ? »

M. Corne, dès 1840, résumait ainsi les effets du tra-

(1) Paroles rapportées par M. Lyonnais à la séance de la Chambre des députés, le 9 juin 1888.
(2) Paroles de M. Faucher Léon, répétées par M. de Mun.

vail excessif : « Le travail manufacturier déprave et use
la santé. » L'État qui n'interviendrait pas, consentirait
à son suicide et à celui des individus.

Mais il y a un droit de l'individu, que le travail ininterrompu foule aux pieds d'une manière absolue : c'est
le droit à la liberté. Qu'est-ce donc que le travail pour
un salaire, sinon la subordination totale à la volonté de
l'employeur et la perte complète de son œuvre pour
l'ouvrier? On a beaucoup parlé au Congrès international
de 1889 pour le repos hebdomadaire, de l'homme con-
sidéré comme une fin en soi et de son droit à être traité
comme une fin et non comme un moyen. Les mots de
Kant recouvrent cette vérité si banale aujourd'hui, qu'il
ne doit pas y avoir d'esclave et que personne ne peut se
servir de son semblable comme d'un instrument. Eh
bien ! l'ouvrier n'est pas un instrument, et il a besoin de
le savoir pour connaître sa valeur et sa dignité et pour
ne pas perdre le titre d'homme. L'État doit imposer le
repos parce que tous les citoyens doivent savoir qu'il y
a quelque chose au-dessus du travail industriel, à savoir
le repos et les occupations d'homme libre qu'il permet.
Sous ce jour, le droit au repos est un des plus essentiels
que l'État doive consacrer.

Il ne serait pas difficile de montrer que l'État est in-
tervenu pour imposer le respect de droits d'importance
moindre. Le Code pénal énumère comme contravention, les actions de tirer des pièces d'artifice, d'embar-
rasser la voie publique, de marauder, de passer sur un

terrain préparé ou ensemencé, d'user de voitures qui ne sont pas conformes aux règlements, de faire métier de pronostiquer l'avenir, de faire du tapage nocturne : dans tous ces cas, l'intérêt vital de la société et de l'individu est-il absolument en jeu ? et cependant l'État a légiféré. L'opposition à la réglementation du repos s'explique par la constatation très simple de ce fait, que certaines mesures paraissent étranges et même dangereuses parce qu'elles sont nouvelles.

Le repos est donc un droit primordial de l'État et du citoyen. Montrer qu'il est utile, c'est indiquer non plus qu'il est essentiel à la vie, mais qu'il contribue au développement de nos forces et de nos facultés. L'État n'est grand que si les citoyens sont cultivés, sont capables de s'intéresser à la vie intellectuelle et politique et surtout s'ils ont l'esprit de famille.

Le travail continu est exclusif de la culture intellectuelle, même si ce travail est intellectuel, car un travail est toujours spécial et la culture toujours générale. Prenons le professeur, il peut être remarquable en sa profession, sans cependant avoir la culture nécessaire à une vie intellectuelle, riche et complète. Dans le cas particulier, le professeur possède cette culture générale, mais pourquoi ? parce qu'il a des loisirs. Notre raisonnement serait le même pour l'avocat, pour le médecin. Que dirons-nous d'un employé, d'un copiste et surtout d'un manœuvre dont toute la journée est employée à un travail que feraient presque un animal ou une machine ?

La vie politique suppose la connaissance des lois et
l'accomplissement de certains devoirs, par exemple
l'assistance à des réunions publiques et à des opérations
de vote. Une loi du 15 fructidor an VI prescrivait aux
administrateurs de donner, chaque décadi, lecture des
lois et des actes de l'autorité publique dans la réunion
des citoyens.

Art. 2. — Le Directoire exécutif donnera les ordres
nécessaires pour la publication et l'envoi à chaque administration municipale d'un bulletin décadaire des affaires générales de la République. Ce bulletin fera connaître en même temps les traits de bravoure et les actes
propres à inspirer le civisme et la vertu. Il contiendra
de plus un article instructif sur l'agriculture et les arts
mécaniques. Il en sera donné lecture à la suite de celle
des lois.

Art. 7. — Le Directoire exécutif prendra les mesures
nécessaires pour établir dans chaque chef-lieu de canton des jeux et exercices gymnastiques le jour de la
réunion décadaire des citoyens.

L'idée qui avait inspiré cette loi était précisément le
besoin d'apprentissage de la vie politique.

Dans son rapport au Congrès international de Zurich
de 1897, M. l'abbé Beck développa longuement le côté
politique de la question du dimanche : « Nous sommes
des démocrates convaincus et, comme tels, partisans du
suffrage universel, nous voulons que les peuples se gou-
vernent eux-mêmes par l'intermédiaire de leurs repré-

sentants. Or l'usage raisonnable des droits politiques exige une formation, une organisation politiques. Voulons-nous être un peuple politiquement émancipé ? Voulons-nous que les classes ouvrières, avec discipline, vigueur, suite et persévérance, prennent part aux combats politiques du temps présent pour leurs droits les plus sacrés ? Dès lors nous devons excepter le dimanche des peines et fatigues de la semaine. Tant que le dimanche ne sera pas un jour de repos, le citoyen ne pourra méditer sur les intérêts de sa patrie et de sa profession, ne pourra s'instruire et remplir au scrutin ses devoirs politiques. »

Le repos peut encore permettre à l'ouvrier de faire son éducation économique et d'apprendre à gérer ses économies ; il faut savoir garder son argent aussi bien que le gagner, le repos facilite la création de sociétés coopératives, de sociétés d'épargne, de banques populaires, de sociétés de secours mutuels.

Les associations ouvrières et la famille sont utiles en elles-mêmes et utiles pour l'État. L'État est une grande association dont on n'apprécie bien les avantages, que si on les a éprouvés déjà dans un cercle plus restreint. De plus qu'est-ce que la patrie sinon le lien commun de toutes les familles et de toutes les associations. On connaît les belles pages que Jules Simon a consacrées à l'esprit de famille dans ses livres sur *l'ouvrière* et sur *le devoir* : ce serait développer un lieu commun que de reprendre les mêmes idées.

Le repos est un droit de l'individu ; en dehors de tout
État, l'individu a le droit de le réclamer pour lui-même.
Tout homme a le devoir de sauvegarder la vie de son
corps et celle de son âme ; il doit donc éviter une fatigue trop prolongée qui équivaudrait à un suicide, ménager sa santé et ses forces. Le repos procure à l'homme
force et courage ; l'ouvrier qui passe son dimanche à la
campagne se rapproche de la nature qui est la source
éternelle d'idéal et de poésie à laquelle les âmes même
les plus simples viennent se désaltérer. De même tout
homme doit cultiver son intelligence et son cœur, consacrer une partie de son temps à s'instruire, à s'améliorer : à ces devoirs correspondent des droits que l'individu ne peut même pas abdiquer. « Le dimanche c'est
pour l'ouvrier, le jour où, se sentant maître de sa
personne, maître de tout son temps, il reprend conscience de son caractère, de sa dignité d'homme et peut
regarder en face sa vocation morale. Pour son âme
asservie, humiliée, déprimée par l'esclavage de la vie
matérielle, c'est la journée de la revanche (1). » La loi
doit intervenir. Direz-vous que le domaine de la loi ne
peut pas s'étendre à tout et qu'il y a des choses qui
échappent à ses réglementations ? Cela est vrai sans
doute, mais nous ne sommes pas dans ce cas. Quand
il s'agit d'assurer à la vie de famille une condition essentielle de sa dignité et de sauvegarder le droit des

____

(1) Rapport du Congrès national sur le repos du dimanche de 1892 ;
Rapport de M. Prunier, p. 12.

consciences, la loi, comme je disais tout à l'heure, a non seulement le droit, mais aussi le devoir impérieux d'intervenir ; elle manquerait à sa mission si elle ne le faisait pas.

L'État a bien compris son devoir d'intervenir dans la réglementation des heures de travail, mais pourquoi ne voit-il pas que la continuité du travail est une espèce de l'excès de travail ? Même dans la pratique, le fait de la connexité des deux problèmes est parfois évident ; il y a des cas où la liaison intime entre la question de la limitation du travail et celle du repos du dimanche est frappante. Il est bon de dire quelques mots à ce sujet pour faire comprendre que si l'État veut être logique, il doit introduire la réglementation du repos dans nos institutions. Dans les lamineries de fer la même équipe ne travaille pas toujours la nuit, car le travail est trop fatigant. Il faut donc toutes les semaines faire un changement d'équipes et cela sans interrompre le travail. L'ouvrier qui veut se reposer le dimanche devra travailler vingt-quatre heures, de quatre heures du matin à quatre heures du soir comme il l'a fait pendant la semaine, puis de quatre heures du soir à quatre heures du matin pour commencer l'autre semaine et le dimanche il reprend son travail à quatre heures du soir.

Il y a bien un autre moyen d'opérer le changement d'équipe, mais il ne vaut pas mieux que le précédent ; la première équipe quitte le travail le samedi à quatre heures du soir et le reprend à dix heures du soir jusqu'à quatre heures du matin, la seconde équipe qui a travaillé de quatre heures à dix heures du soir reprend son travail à quatre heures du matin, ce qui fait pour chaque équipe dix-huit heures de travail avec six heures de repos : pour ce jour-là la loi qui a limité les heures de travail a-t-elle atteint son but ? La cause de l'abus est le travail du dimanche, car si le repos du dimanche est observé, l'équipe qui termine son travail le samedi soir le reprendrait le lundi soir et l'équipe qui termine son travail le dimanche matin le reprendrait le lundi matin. Un tel abus disparaîtra par l'obligation du repos hebdomadaire pour les adultes.

CHAPITRE IV

OBJECTIONS A LA RÉGLEMENTATION DU REPOS.

La principale objection à la réglementation du repos
a été proposée par les économistes.

En ordonnant le repos hebdomadaire, l'ouvrier travaillera pendant un septième de fois moins de temps
qu'il ne travaillait jusqu'à présent : par conséquent il
produira moins, l'industriel verra la production de son
établissement diminuer considérablement. Les conséquences de ce fait ne tarderont pas à se faire sentir ; elles
peuvent être de plusieurs sortes : les prix subiront un
mouvement de hausse, car l'industriel aura dû, pour
obtenir la même quotité de produits, augmenter le nombre de ses ouvriers. Or quelles seront les conséquences
de cette hausse? L'industriel cherchera à la faire accepter des consommateurs : il y parviendra quelquefois,
dans les objets de luxe par exemple, ou dans les industries qui ne craignent pas la concurrence internationale,
comme dans le bâtiment. Si, au contraire, les consommateurs n'acceptent pas cette hausse et n'achètent plus
l'article produit ou du moins réduisent leur demande,
l'industriel devra, à moins de se voir obligé d'arrêter
sa production, chercher à diminuer le prix de revient

du produit, d'une manière ou d'une autre : il se contentera d'un profit moindre, par exemple. Cela arrivera quelquefois ; mais en fait cette diminution est souvent difficile à réaliser et l'industriel préfère abandonner une production, qui ne lui rapporte pas l'intérêt de ses capitaux et la rémunération de son travail.

Dès lors le moyen le plus sûr qui se présente le premier à la pensée de l'industriel est de réduire les salaires des ouvriers, il trouvera là immédiatement un moyen de réduire son coût de revient dans des conditions faciles. Ainsi par la diminution de la production, suite du repos hebdomadaire, on sera arrivé à un autre mal peut-être plus important que le travail ininterrompu, à savoir la diminution des salaires. De plus le mal ne s'arrête pas là ; beaucoup d'industriels ne pourront réduire leur prix de revient au même taux, où on le voit sans le repos hebdomadaire : la concurrence internationale va causer la ruine de nombreuses industries.

Telle est la principale objection que proposent les économistes à notre thèse : est-elle irréfutable? Nous ne le croyons pas, et nous avons pour soutenir notre opinion un nombreux groupe de publicistes qui n'acceptent pas ce dogme économique. En effet. il semble que l'objection repose sur une erreur fondamentale, qui consiste à croire que la quantité de travail effectué est toujours en proportion avec le temps dépensé. Il ne faut pas croire qu'un septième d'heures de travail en moins, accusera un déficit d'un septième de produit en moins, car la productivité se compose non seulement du temps dépensé au travail, mais encore du perfectionnement plus ou moins avancé de l'outillage et de la capacité productive de l'ouvrier.

Brentano, miss Jeans (1) et bien d'autres ont montré par de nombreux exemples que la limitation des heures de travail quotidien (ce qui, *a fortiori*, peut se dire du repos hebdomadaire) n'a pas causé de détriment aux industriels.

En premier lieu, les ouvriers reposés ont travaillé avec plus d'ardeur et ont regagné le temps qui semblait devoir être perdu pour la production. L'ouvrier fatigué ne travaille pas comme celui qui vient de se reposer, c'est là un fait tout d'observation. Les nombreux exemples donnés par Brentano le prouvent.

En second lieu, l'industriel pourra perfectionner son outillage, plutôt que de prendre des ouvriers supplémentaires, il fera une avance de capitaux pour acheter des machines plus perfectionnées. C'est là non un pur raisonnement, c'est un fait qui a été remarqué plus d'une fois. Ainsi la législation anglaise limitant la durée de la journée de travail a eu pour résultat de faire acheter aux industriels un outillage plus perfectionné.

Mais, dira-t-on, cette capacité productive de l'ouvrier et ce perfectionnement de l'outillage ne pourront pas avoir lieu danstoutes les industries : celles par exemple

(1) Ouvrages cités dans la bibliographie.

où la tâche de l'ouvrier est limitée dans le nombre et dans le temps : il en est ainsi des entreprises du transport notamment.

Dans ces industries, qui supportera l'accroissement de la dépense, du capitaliste, de l'ouvrier ou du consommateur? Cela dépendra de la nature de l'industrie et de l'importance de l'établissement.

Suivant la nature de l'industrie, l'élévation des frais généraux sera payée tantôt par les profits, tantôt par les salaires, tantôt par le consommateur.

Dans les Compagnies de chemins de fer, de tramways, d'omnibus, où les salaires ressemblent fort à des traitements et où les ouvriers sont constitués en associations puissantes, les capitalistes verront leurs profits diminuer.

Dans d'autres cas, rares il est vrai, le prix pourra être relevé sans que la demande du produit en soit réduite ; par exemple partout où il y a monopole naturel d'un produit, ou qu'il s'agisse d'un certain genre d'industrie.

Dans d'autres cas enfin une légère baisse des salaires pourra se produire, il en sera ainsi quand les ouvriers sans ouvrage seront nombreux, ou sans organisation.

Il faut aussi considérer l'importance des établissements dans l'examen des conséquences probables d'une réduction du temps de travail. Pour les grandes entreprises, les frais généraux sont plus largement répartis et augmenteront les prix dans une proportion minime.

Mais ce n'est pas le cas de la petite industrie. Ici, étant donné la question, que viendra faire le repos du dimanche, dans la diminution de la production ? La petite industrie est justement celle où on travaille le plus le dimanche, mais par contre le travail y est très irrégulier. Si une loi vient imposer le repos du dimanche ainsi que nous l'avons dit plus haut, les mœurs s'accoutumeront à voir tous les ouvriers chômer et à respecter leur repos.

En résumé donc, dans l'immense majorité des cas, la production restera la même. Là où elle diminuera, la perte sera très faible et les frais en seront supportés tantôt par les capitalistes, tantôt par les consommateurs, rarement par les salariés.

Mais on nous oppose aussi que les chefs d'industrie vont se voir ruinés par la concurrence étrangère.

Or l'industrie des transports, où justement nous avons vu que l'augmentation des frais généraux serait le plus considérable, n'a rien à craindre de la concurrence étrangère : il en est de même en général dans toutes les industries, où l'on vise des services plutôt que des produits. Dans les autres industries, celles où le rôle de la machine est considérable, la question ne se posera pas. D'ailleurs que nous parle-t-on de la concurrence étrangère, quand toutes les nations avec lesquelles nous sommes le plus en relations d'affaires, interdisent le repos du dimanche à leur industrie ?

Nous nous sommes placé jusqu'à présent au point

de vue de l'industriel ; si nous nous plaçons au point de
vue de l'industrie en général et de l'intérêt national,
nous ferons remarquer que les ouvriers étant mieux
reposés, pourront donner leur travail pendant un temps
beaucoup plus considérable, que leur travail sera meilleur et des générations d'ouvriers habiles pourront se
créer dans notre pays et donner à notre industrie, l'im-
pulsion que l'Angleterre a vu prendre à la sienne, effet
que sa législation protectrice a certainement fort con-
tribué à provoquer.

DEUXIÈME PARTIE

POSSIBILITÉ DE LA RÉGLEMENTATION DU REPOS PAR L'ÉTAT.

La plupart des États de l'Europe sont intervenus dans la réglementation du repos : étudions l'état actuel de la législation chez les peuples, dont l'industrie et les mœurs sont le plus semblables aux nôtres, en Allemagne, en Autriche, en Angleterre, en Suisse ; la possibilité en fait et l'utilité de l'intervention de l'État ressortiront de cet examen. La même conséquence sera déduite de l'étude de la législation française sur la question et des discussions auxquelles elle a donné lieu, bien qu'elle ne vise que la protection des enfants. Si nous ajoutons que l'état des mœurs est favorable à la réforme et que l'initiative privée s'est accentuée dans le sens du repos hebdomadaire des adultes, la démonstration de la possibilité d'une loi sera définitive. Légitime en droit, possible en fait, voilà deux caractères que toute loi requiert et que posséderait au plus haut degré celle qui interviendrait sur le repos hebdomadaire.

CHAPITRE PREMIER

LÉGISLATION ACTUELLE EN ALLEMAGNE (1).

L'ancienne Gewerbeordnung portait que « les industriels ne peuvent pas obliger les ouvriers au travail des
dimanches et jours fériés ». La sanction de cette interdiction consistait simplement en la nullité du contrat,
nullité que l'ouvrier naturellement n'osera jamais demander, puisqu'il est toujours sous le coup d'un renvoi
possible. De plus la loi créait une exception excessivement vague, « pour les travaux qui, d'après la nature de
l'exploitation, ne permettent ni ajournement, ni interruption ».

Avec la loi d'empire du 1ᵉʳ juin 1891, le principe
général a été changé, puisqu'on défend aux industriels
de faire travailler le dimanche (§ 105 a, al. 1).

La détermination des jours fériés (§ 105 a, al. 2) est
laissée aux gouvernements particuliers des États fédérés. Quand, dans un même pays, il y a des catholiques
et des protestants, on applique deux systèmes, ou bien
c'est la majorité, catholique ou protestante, de la popu-

(1) Voir rapport du professeur Dubois sur la législation en Allemagne. Publication du ministère du travail et de l'industrie en Belgique,
1895. — Travail du dimanche.

lation qui décide de l'adoption d'un jour de fête catholique ou protestante, ou bien, comme en Saxe, les catholiques peuvent travailler les jours de fête protestante et réciproquement les protestants peuvent travailler les jours de fête catholique : ce qui complique beaucoup la législation. Quant aux Juifs, ils chôment deux jours : le dimanche obligatoire et le samedi s'ils veulent pratiquer leur religion ; en vain, à maintes reprises ont-ils demandé que le samedi fût, au lieu du dimanche, jour de repos légal pour eux.

La sphère d'application de la loi est divisée en deux parties très distinctes : le commerce d'une part et l'industrie et les métiers d'autre part ; pour le commerce, le travail est permis mais seulement pendant 5 heures (§ 105 b, al. 2) ; pour l'industrie et les métiers l'interdiction est totale. La défense de travail le dimanche s'applique à tous les travailleurs mentionnés en tête du titre VII de la loi industrielle : ouvriers, employés, contre-maîtres. techniciens, ingénieurs, etc., et qui sont employés dans les mines, salines, ateliers de préparation des minerais, carrières et minières, dans les usines métallurgiques, forges et fonderies, dans les fabriques et ateliers, dans les chantiers de tout genre, les briqueteries et les travaux publics de toute espèce.

Cette énumération est limitative.

Sont exceptés, les industriels travaillant seuls ou aidés de leur famille, le travail agricole, horticole, vinicole, l'exercice des professions libérales, l'industrie des spectacles, des cafés, des restaurants, des hôtels et des transports, les artisans qui vont travailler chez le client. Mais l'Empereur peut avec l'assentiment du Conseil fédéral étendre la sphère d'application de la loi (§ 105 g).

Le repos doit être ininterrompu pendant 24 heures les dimanches et jours fériés, pendant 36 heures au moins pour deux jours fériés qui se suivent, pendant 48 heures au moins pour les fêtes de Noël, de Pâques et de la Pentecôte.

Le repos se compte à partir de minuit, sauf lorsque deux jours fériés se succèdent : alors le repos peut se compter à partir de 6 heures du matin du premier à 6 heures du soir du second jour, et cela parce que le système d'équipes suppose le changement à 6 heures du matin et à 6 heures du soir.

Chose digne de remarque : le repos n'est pas seulement imposé à l'ouvrier, mais encore à l'établissement (Betriebsruhe) pendant 24 heures ; car la première équipe pourrait avoir son repos de 6 heures du soir à 6 heures du soir suivant, et la seconde de 6 heures du matin à 6 heures du matin suivant ; l'établissement ne chômerait ainsi que 12 heures, la loi ne l'a pas voulu pour des raisons religieuses.

Les exceptions sont ou prévues et énumérées par la loi elle-même, et s'appliquent *ipso facto*, ou au contraire indéterminées et laissées à la disposition du Conseil fédéral et des autorités administratives.

Sont exceptés (§ 105 c) :

1° Les travaux urgents et d'intérêt public ;

2° Les travaux de confection d'un inventaire prescrit par la loi, mais pour un dimanche de l'année ;

3° La surveillance des bâtiments d'exploitation, les travaux de nettoyage et de conservation, indispensables à la continuation régulière ou à la reprise de l'exploitation, si ces travaux ne peuvent être exécutés pendant la semaine ;

4° Les travaux indispensables pour la conservation de la matière première, si ces travaux ne peuvent être exécutés pendant la semaine ;

5° La surveillance de l'exploitation, si les travaux se continuent pour les raisons précédentes. L'industriel n'a pas besoin d'autorisation préalable, mais il tient un registre sur lequel il mentionne les usages qu'il a faits de l'exception, pour permettre le contrôle des inspecteurs et des autorités de police.

Peuvent être exceptées par le Conseil fédéral, certaines industries déterminées, et en particulier celles qui nécessitent des travaux, qui par leur nature ne peuvent être interrompus, qui ne s'exercent que pendant une certaine partie de l'année (industries de campagne) ou qui s'exercent d'une manière plus intense à certaines saisons (industries de saison, § 105 d).

Peuvent être exceptés par l'autorité administrative supérieure, les travaux industriels nécessaires pour la satisfaction des besoins quotidiens des consommateurs ou des besoins particulièrement intenses ces jours-là, de même que ceux des industriels qui usent du vent ou de la force irrégulière de l'eau, comme moteur exclusif ou principal (§ 105 e).

Enfin peuvent être exceptés, par une autorisation de l'autorité administrative inférieure et pour un temps déterminé, les cas où un industriel est forcé, d'une manière imprévue, de faire travailler le dimanche ou le jour de fête pour échapper à un dommage disproportionné.

Enfin les gouvernements des États fédérés peuvent accorder quelques exceptions spéciales pour certains jours de fête, en vue de diminuer le chômage des jours fériés, dans les pays où ils étaient trop nombreux, par exemple en Bavière.

Quant à la sanction, le patron seul est passible de peine et non l'ouvrier ; l'article 146 a l'organise : « Est « passible d'une amende pouvant atteindre 600 marks, « et en cas d'insolvabilité, d'emprisonnement, quiconque « que donne du travail à des ouvriers les dimanches et « jours de fête, contrairement aux articles 105 b à « 105 g ou aux ordonnances rendues en vertu de ceux- « ci..... »

Enfin le § 149, alinéa 1er n° 7 : « quiconque néglige de « se conformer à l'obligation qui lui est imposée en « vertu de l'article 105 c, alinéa 2..... » sera puni d'une amende pouvant atteindre 30 marks et en cas d'insolvabilité, d'emprisonnement, pouvant atteindre huit semaines.

L'article 151 ajoute : « Si des prescriptions de police
« ont été violées dans l'exercice de l'industrie par des
« personnes que l'industriel avait préposées, soit à la
« direction de son établissement ou d'une partie de ce
« dernier, soit à la surveillance, ce sont ces personnes
« qui sont passibles de la pénalité. L'industriel est pu-
« nissable en même temps qu'elles, s'il a été prévenu
« de la contravention ou s'il n'a pas apporté le soin né-
« cessaire, soit à la surveillance que sa situation le
« mettait en mesure d'exercer personnellement sur
« l'établissement, soit au choix des directeurs techni-
« ques ou surveillants. »

En résumé la loi allemande a eu à la fois pour but
d'assurer la Sonntagsfeier et l'Arbeiterschutz, et même
les dispositions légales ou réglementaires, qui existaient
avant 1891 en nombre très considérable, avaient surtout en vue la sanctification du dimanche ; d'ailleurs le
paragraphe 105 h, alinéa 1, a maintenu en vigueur toute
réglementation antérieure, dont les dispositions établis-
saient une limitation plus sévère du travail dominical.

Comment la loi est-elle exécutée et appliquée ? La
loi du 1ᵉʳ juin 1891 n'entra en vigueur que le 1ᵉʳ avril
1892, mais les dispositions spéciales au repos du dimanche dans l'industrie n'ont été appliquées qu'à partir
du 1ᵉʳ avril 1895, car les règlements d'exécution demandèrent beaucoup de temps à cause des exceptions que
le Conseil fédéral et les autorités supérieures eurent à
déterminer, et il fallait établir l'harmonie entre le re-

pos dominical et la situation de l'industrie. A Berlin eurent lieu 8 réunions consultatives de patrons, d'ouvriers, de commissaires des États fédérés, des inspecteurs du travail et d'autres experts, de septembre 1893 à mai 1894.

Les exceptions du § 105 d laissées à la détermination du Conseil fédéral s'appliquèrent à 78 branches d'industries dont la plupart sont chimiques.

Celles du § 105 c furent plus facilement établies (1). Ces industries sont: la fabrication des bouquets et couronnes, les établissements de gaz et d'électricité ; la boulangerie et la pâtisserie (fabrication) ; la boucherie, l'industrie de la coiffure ; les distributions d'eau ; les établissements de bains ; imprimeries de journaux ; agences télégraphiques ; ateliers de photographie ; l'industrie des cuisiniers, brasseries, glaceries, laiteries, fabriques d'eau minérale ; industrie de vêtements, exploitée sous la forme du métier.

On ne peut pas encore se prononcer avec beaucoup d'assurance sur l'exécution d'une loi en vigueur seulement depuis 3 ans. Dès la première année la loi était admise. « Certes, disait un grand industriel, nous avons combattu énergiquement le projet de loi comme nous combattons par principe tout projet qui tend à entraver notre liberté, maintenant que le projet est devenu loi, nous nous soumettons » (2).

(1) Publication de l'Office belge, *op. cit.*, p. 44.
(2) *Ibid.*, p. 46.

Les difficultés que l'on prévoyait ne se sont pas produites, l'introduction en a été facile dans l'industrie, d'ailleurs les inspecteurs n'ont pas montré une bien grande sévérité ; la tenue du registre imposé par le paragraphe 105 c'est difficile à obtenir régulièrement. D'après M. Weber (1), la petite industrie, ce qu'on appelle en Allemagne le Handwerk, le métier, n'a pas subi grand changement de par le fait de la loi : c'est que l'interdiction n'atteint pas le travail du dimanche du patron lui-même, ce qui excepte presque la moitié de la production de la petite industrie ; elle n'atteint pas non plus le travail à domicile, qui même ici a été augmenté, car les cordonniers, les tailleurs, les selliers et les relieurs, ne pouvant travailler le dimanche, ont donné de plus en plus à leurs ouvriers du travail supplémentaire à domicile. La nouvelle législation n'est guère respectée que des métiers de constructeurs, les charrons, les tourneurs, les forgerons, les serruriers, mais ici elle n'a pas innové, car les anciennes dispositions dominicales interdisaient déjà ces travaux en raison de leur caractère public. Quant à la grande industrie, on peut dire qu'on lui a fait la part belle : le nombre des exceptions accordées est considérable, soit comme industrie pourvoyant aux premières nécessités, soit comme industrie de saison, soit pour des raisons techniques. De plus un décret du Conseil fédéral peut

---

(1) *Jahrbuch für sociale Gesetzgebung*. Die Entwickelung der Arbeiterschutzgesetzgebung seit 1890.

accorder des exceptions motivées par des raisons essentiellement économiques.

Mais quoique les exceptions soient nombreuses, il n'en est pas moins vrai qu'il n'y a pas 10 0/0 du nombre total des ouvriers qui aient été autorisés à travailler, par le Conseil fédéral. En tout cas ce qui ressort bien nettement de tout ceci, c'est que l'introduction du repos du dimanche en Allemagne n'a en aucune façon gêné l'industrie, quoiqu'elle eût libéré un bon nombre d'ouvriers du travail dominical. Un exemple (1) donné par l'inspecteur du travail, c'est que sur 1.713 ouvriers occupés le dimanche dans l'arrondissement de l'inspecteur de Berlin, 350, soit 19 0/0, ne travaillent plus le dimanche comme auparavant. Les gouvernements confédérés ont constaté que les règlements avaient pu être appliqués sans léser les intérêts de personne (2), si bien que la commission des pétitions du Reichstag a proposé, en 1896, à l'assemblée, de passer à l'ordre du jour pur et simple sur toutes les questions qui tendaient à modifier la loi, soit dans le sens de son extension, soit dans le sens de sa restriction (3).

(1) *Amtliche Mitteilungen aus den Berichten der Gewerbe-Aufsichtsbeamten für* 1896, p. 382.
(2) Discours du Trône au Reichstag, le 3 décembre 1895.
(3) *Volkszeitung*, de Cologne, 6 mai 1896.

CHAPITRE II

LÉGISLATION ACTUELLE EN AUTRICHE.

La loi du dimanche étant plus ou moins restée une coutume traditionnelle en Autriche, il devenait aisé au législateur de faire accepter généralement l'obligation du repos dominical. La législation industrielle, la *Gewerbe Novelle* de 1885 avait été, dans son élaboration, précédée de deux enquêtes. De ces deux consultations, il ressortait manifestement que personne ne s'opposait à ce qu'il fût pris des mesures en faveur du repos du dimanche, sauf à tenir compte des nécessités de l'industrie. Il n'y eut guère d'objections que de la part de la petite industrie.

La *Novelle* de 1885 proclame dans son article 75 : « Le dimanche tout travail industriel cesse. Il n'est « fait d'exceptions que pour les travaux de nettoyage « et de mise en ordre des ateliers et appareils. »

Pour ne pas introduire les exceptions dans la loi, l'article 75 ajoutait : « Toutefois, le ministre du com- « merce, d'accord avec le ministre de l'intérieur et le « ministre des cultes et de l'instruction, peut autoriser « le travail manuel dans certaines catégories d'indus- « tries, pour lesquelles l'interruption de l'exploitation

« est impraticable, vu que la continuation sans inter-
« ruption de l'exploitation est rendue nécessaire par les
« besoins des consommateurs ou des communications
« publiques. » Aussi une ordonnance du ministre du
commerce, en date du 27 mai 1885, est-elle intervenue
pour régler les détails d'exécution : le repos du dimanche commence au plus tard le dimanche à 6 heures du
matin et doit durer 24 heures.

La même ordonnance autorise le travail du dimanche en totalité ou en partie : 1° à raison de l'impossibilité de l'interruption du travail, aux jardiniers, pour
certains travaux ne pouvant être interrompus, comme
la surveillance des fours et des machines, dans les établissements métallurgiques, verreries, teintureries de
soie, papeteries, moulins, sucreries, brasseries, raffineries, établissements chimiques, vinaigreries, distille-
ries ; dans les tanneries pendant deux heures le matin ;
2° à raison des besoins de la consommation, dans les
hôtels, ateliers de photographie, salons de coiffure,
pendant toute la journée ; 3° à raison des nécessités des
communications, aux entreprises de transport de personnes, de transport des marchandises par grande vitesse, au service des pompes funèbres.

L'article 75 de la Novelle ajoutait : « Aux jours de
« fête il doit être accordé aux ouvriers le temps néces-
« saire pour pouvoir, conformément aux prescriptions
« de leur confession religieuse, assister avant midi au
« service religieux. »

Telle était la loi de 1885, mais bientôt elle fut jugée insuffisante, en ce sens qu'elle comportait trop d'exceptions. En 1893 une enquête industrielle fut ouverte par le Reichsrath ; elle fut suivie d'enquêtes organisées par diverses chambres de commerce. C'est là l'œuvre qu'a couronnée la loi du 16 janvier 1895. L'article 25 de la loi de 1885 est remplacé par les dispositions suivantes :

« Art. 1er. — Tout travail industriel doit cesser les dimanches.

« Art. 2. — Le repos dominical doit commencer au « plus tard à six heures du matin chaque dimanche, « simultanément pour la totalité du personnel ouvrier « de chaque exploitation et durer au moins vingt-quatre « heures. » Ces articles ne sont que la reprise de l'article 75 (Gewerbeordnung), seulement l'organisation des principes qui était réservée à des ordonnances, se trouve inscrite dans la loi même. On a critiqué la loi de faire commencer le dimanche à six heures du matin, au lieu de minuit comme on l'entend d'ordinaire, sauf les exceptions nécessaires qu'on eût déterminées ensuite.

Voici maintenant les exceptions :

« Art. 3. — Sont exceptés des dispositions des arti- « cles 1 et 2 : 1o Les travaux de nettoyage et d'entretien « de locaux et les travaux préparatoires indispensables « au fonctionnement régulier de l'exploitation même ou « d'une exploitation connexe, et qui ne peuvent être « exécutés pendant les jours de la semaine sans pré- « senter une perturbation dans l'exploitation, ou un « danger pour la vie ou la santé des ouvriers ;

« 2° La garde de l'établissement ;

« 3° Les travaux d'inventaire, une fois par an ;

« 4° Les travaux urgents, ayant un caractère provi-
« soire, qui sont commandés par des considérations
« d'intérêt public, d'exigence de police ou de force ma-
« jeure ;

« 5° Les travaux personnels du chef d'industrie,
« pourvu qu'ils n'entraînent le concours d'aucun auxi-
« liaire et ne soient pas publics. » Les industriels doivent, pour chaque dimanche, dresser un tableau portant
le nom des ouvriers occupés, l'endroit et la durée de
leur occupation et le genre de travail exécuté afin de
faciliter le contrôle de l'autorité administrative industrielle et des inspecteurs. Telles sont les exceptions prévues par la loi, nous en trouvons d'autres qui sont à
fixer par une ordonnance ministérielle. « Art. 6. —
« Le ministre du commerce, après s'être mis d'accord
« avec les ministres compétents, est autorisé à permettre
« le travail industriel le dimanche, par voie d'ordon-
« nance, dans certaines catégories d'industries qui, par
« leur nature, s'opposent à une intervention ou à une
« remise, ou dont l'exploitation est nécessaire le diman-
« che pour satisfaire aux besoins journaliers ou domi-
« nicaux de la population ou de la circulation publique.

« Dans les industries à exploitation continue, pour
« lesquelles le travail du dimanche est permis, l'excep-
« tion doit être limitée aux travaux se rattachant direc-
« tement à la continuité de l'exploitation ; dans les

« autres industries prévues au présent article, l'excep-
« tion du travail dominical doit toujours être limitée aux
« travaux expressément fixés par voie d'ordonnance ;
« par contre tous les autres travaux, tels que les tra-
« vaux préparatoires ou accessoires, doivent chômer.

« La réglementation des travaux permis le dimanche
« dans ces exploitations et la détermination des condi-
« tions auxquelles ces travaux sont permis, ont lieu
« d'une manière uniforme pour toutes les exploitations
« de même genre et en tenant compte des arrangements
« visés par l'article 5 en vue du jour de repos compen-
« satoire.

« Les dispositions en question doivent être insérées
« dans les règlements d'ateliers et affichées dans les
« banques en usage dans le pays. »

Et même pour certaines catégories d'industries la loi
va plus loin :

« Art. 7. — Lorsque dans certaines industries de
« production dont l'exploitation est nécessaire le di-
« manche pour la satisfaction des besoins journaliers
« ou dominicaux de la population, il y a lieu de tenir
« compte des mœurs et usages locaux, les ministres
« chargés de réglementer les exceptions à la pres-
« cription du repos dominical pourront déléguer leurs
« pouvoirs à cet effet aux autorités politiques locales...
« Il sera tenu compte des prescriptions de l'article 5,
« relatives au jour de repos, dans la détermination des
« exceptions concernant les dites industries : cette ré-

« glementation peut d'ailleurs varier suivant les lieux
« ou les communes. Les exceptions sont établies, les
« communes et corporations intéressées entendues. Les
« dispositions édictées devront être également insérées
« dans les règlements d'ateliers et être affichées dans
« les ateliers aux endroits assignés et cela dans les lan-
« gues en usage dans le pays. »

Dans la Galicie et la Buckovine où se présentent
beaucoup de divergences confessionnelles, il sera fait
exception au principe en faveur des industries qui chômeront 24 heures un autre jour de la semaine conformément à leur confession religieuse, mais à condition
toutefois que les travaux entrepris le dimanche n'aient
pas lieu publiquement : c'est là ce que décide l'article 8.

Comme la Novelle de 1885, la nouvelle loi décide que
les « jours de fête, il doit être accordé aux ouvriers, en
tenant compte de leur confession, le temps nécessaire
pour assister au service divin avant midi » (art. 14).

D'ailleurs d'après l'article 5, les ouvriers qui travaillent le dimanche doivent avoir un temps libre suffisant pour assister à l'office divin du matin. Le repos
compensatoire est fixé par le même article. « Lorsque
« les travaux, dans l'article 3, sous les chiffres 1, 2, 4,
« durent plus de 3 heures, il doit être accordé à ces
« ouvriers au moins un repos de 24 heures le dimanche
« suivant, ou si cela est incompatible avec l'exploita-
« tion pendant un jour de la semaine, ou enfin un repos

« de 6 heures pendant deux jours de la semaine. »

Quant à la sanction, le paragraphe 2 de l'article 14 se borne à renvoyer aux dispositions pénales de la *Gewerbeordnung*, qui fixe une amende de 20 à 400 florins (art. 133). Telles sont les dispositions de la loi du 16 janvier 1895.

L'ordonnance visée dans la loi a été rendue le 24 avril 1895 : elle édicte toute une série d'exceptions. Certaines industries sont exemptées d'une façon presque complète : omnibus, voitures, hôtels, etc., mais toujours sauf la règle du repos alternatif. D'autres, et en grand nombre, reçoivent de larges tolérances à titre de continuité, comme les verreries, les hauts-fourneaux, etc. Puis l'ordonnance permet dans toutes les industries en général que le chauffage des chaudières à vapeur soit entrepris le dimanche avant le commencement du travail du lundi.

Les industriels qui doivent être exceptés de la règle du repos dominical par les autorités politiques du pays sont les suivants : fabricants de bouquets de fleurs naturelles, coiffeurs, raseurs, perruquiers, boulangers, confiseurs, pâtissiers, laitiers, fabricants de saucisses, bouchers.

Remarquons en passant l'excellente idée qu'a eue le législateur de donner quelque pouvoir réglementaire aux autorités politiques régionales : c'est d'une intelligente décentralisation. Elles sont plus à même de connaître les besoins du pays.

Les mines ne sont pas régies par la loi industrielle générale, mais par une loi du 21 juin 1884, quant au travail ; l'article 4 ordonne le repos du dimanche, sauf pour les travaux indispensables et certains travaux de transport. La loi est en général observée, c'est même la plus facilement acceptée.

Quels ont été les résultats de cette législation nouvelle ?

Les rapports des inspecteurs sont unanimes à dire que dans la grande industrie les résultats ont été en général satisfaisants, sauf quant aux prescriptions sur le jour compensatoire, il n'y a eu pour l'exécution des nouvelles décisions aucune difficulté notable (1). Quant au repos compensatoire introduit pour la première fois par la loi de 1895, la coutume industrielle n'est pas encore fixée. — On signale quelquefois des extensions données aux exceptions : ainsi sous le titre de réparation on voit parfois entreprendre des travaux de production.

Notons les réclamations qu'ont fait entendre plusieurs industriels. Ainsi des minotiers demandent une exception en leur faveur parce qu'ils sont soumis à la concurrence de la Hongrie, qui leur fait libre concurrence et dont le régime est plus large. L'ordonnance de 1895 a réduit le travail du dimanche dans les verreries, du moins pour les fours à pots, cette réforme est appréciée

(1) Partie commune des rapports des inspecteurs du travail, 1895-1896.

diversement. L'ordonnance permet la fusion ce jour-là, elle recommande même de prendre ce procédé qui permet de laisser libres les autres ouvriers : en attendant que le système se soit généralisé, elle admet le travail des verriers pendant douze dimanches au plus. Certains industriels prétendent qu'il leur est impossible de se soumettre à ce régime. D'autres, il est vrai, le pratiquent et des ouvriers prétendent que c'est parfaitement possible à mettre en œuvre. A cela près, la loi et les ordonnances sont généralement observées dans la grande industrie. Si nous passons maintenant dans la petite industrie nous trouvons une situation toute différente. De nombreuses infractions sont signalées dans les rapports d'inspecteurs. « En ce qui concerne la petite industrie, la loi n'est donc pas inutile, mais son action a été bien moins efficace : il y a beaucoup d'infractions et beaucoup de plaintes. » La principale raison semble être ici comme ailleurs la difficulté de la surveillance : en effet l'inspection est peu nombreuse et ne peut pas tout voir ; puis la réglementation de ces petites industries est excessivement variée : le contrôle est par là très difficile, surtout quant au repos compensatoire. On ne peut guère compter sur les ouvriers, la peur d'un renvoi les arrête dans la voie des dénonciations : leur contrôle existe cependant en fait, mais rarement, dans les industries dont les ouvriers sont organisés. — Quant aux corporations érigées par la loi de 1883, l'assemblée des ouvriers, le Gehilfenausschuss, quand elle fonctionne, prête ici son concours. Mais le Vorstand, bureau corporatif, ne fait rien de pareil, il ne le peut pas, il y a trop d'étroitesse, de camaraderies dans ces questions-là. Mais c'est surtout à propos de la boulangerie que les plaintes sont vives. Autrefois la boulange était permise le dimanche jusqu'à midi, aujourd'hui c'est jusqu'à dix heures et le soir depuis dix heures avec extension pour le pain noir, sous réserve du repos compensatoire. Or en pratique, au lieu de finir à dix heures on traîne le travail en longueur. Pour le repos compensatoire, en réalité, il n'a pas lieu et on ne le contrôle point. Et cependant il est des endroits où l'on a trouvé moyen de chômer. Il ne faut pas tout de même conclure de là que la législation sur le repos dominical est complètement méconnue dans la petite industrie : les tourneurs, les plumassiers, les chapeliers, les horticulteurs, les modistes, les blanchisseurs, se sont arrangés de manière à ne pas travailler le dimanche ou seulement quelques heures dans la matinée (1).

L'inspecteur de Vienne remarque un fait topique dans les hôtels quant au repos compensatoire : « dans les hôtels, restaurants et cafés, l'observance du repos compensatoire rencontre aussi des difficultés de la part de ceux des employés qui s'attendent à des pourboires : les portiers, les caissiers, les garçons de salle, les femmes de chambre. Quand, par exemple, le valet de cham-

_____

(1) Rapport de l'inspecteur de Vienne, 1895.

bre d'un hôtel sait que dans sa journée de liberté des voyageurs dont il attend un pourboire doivent s'en aller, il ne fera aucun usage de son droit de repos compensatoire, mais continuera son service pour éviter un dommage matériel (1).

Il y a toute une catégorie d'ouvriers qui échappent à la loi, ce sont ceux qui travaillent chez eux pour leur compte ou pour celui d'un patron (Heimarbeiter). Les patrons pour qui ils travaillent échappent à la pénalité. De nombreuses plaintes se sont élevées contre ce manque de réglementation et les abus qu'il entraîne, mais en vain ; l'Autriche n'a pas encore trouvé le moyen de les faire cesser. En résumé, le repos du dimanche existe dans les prescriptions légales de l'Autriche et dans les mœurs. Les ouvriers en demandent l'extension, et désireraient avoir 36 heures en commençant le samedi à midi. A la Chambre, le rapporteur de la loi de 1895 pensait que 36 heures étaient le but à atteindre. Ne travaillent le dimanche que les ouvriers qui sont attirés par l'appât d'un salaire plus élevé, et encore réclament-t-ils énergiquement le repos hebdomadaire. On admet généralement que la loi a souvent autorisé des exceptions en faveur de travaux qui résultent plutôt d'une habitude que d'une nécessité vraiment technique, que la loi est imparfaite en ce qu'elle fait commencer partout le dimanche à 6 heures seulement et surtout en ce

____

(1) Rapport de l'inspecteur de Vienne, 1896.

qu'elle est sanctionnée par une répression et un contrôle insuffisants. Le repos du dimanche, comme le
constate M. Brants (1) gagne du terrain malgré quelques adversaires, mais la loi a été trop prudente, elle
aurait pu ménager moins ce qui n'est qu'habitude et non
nécessité.

(1) Rapport cité, page 84.

CHAPITRE III

LÉGISLATION ACTUELLE EN SUISSE.

La Suisse est certainement un des pays où le repos du dimanche est le mieux observé, c'est là une des raisons qui nous amène à étudier l'état de la question chez nos voisins. Ce n'est pas la seule, l'interdiction a déjà été appliquée pendant 21 ans : les résultats n'en sont que plus probants. De plus, dans l'industrie suisse qui, à l'époque de la réglementation comprenait tous les modes essentiels de la production, le travail du dimanche était la règle et même il y avait une tendance à étendre les travaux du dimanche (1). L'exemple de la Suisse est donc concluant ; aucun mouvement n'existait en faveur de la réglementation du travail le dimanche : la société pour le repos et la sanctification du dimanche venait à peine d'être constituée ; tous les règlements qui existaient en Suisse, à cette époque, ne visaient pas la répression de l'abus du travail, mais la sanctification du dimanche. Le repos a donc été réglementé parce qu'il devait l'être dans une loi générale sur le travail dans les fabriques.

(1) Rapport de Waxweiler sur la législation industrielle en Suisse. *Publication officielle* de l'office du travail belge, travail du dimanche, p. 131.

En vertu de la disposition constitutionnelle de l'article 34 de la constitution fédérale du 29 mai 1874 l'assemblée adopta la loi de 1877, approuvée par le referendum populaire. La législation a été complétée par les Arrêtés du Conseil fédéral :

du 2 septembre 1886 ;

du 3 juin 1891 ;

du 14 janvier 1893 ;

par un arrêté du département fédéral de l'industrie et de l'agriculture du 7 avril 1894. La loi s'applique à :

1º Tous les établissements comptant plus de 25 ouvriers.

2º Tous les établissements présentant le type évident de fabrique.

3º Tous les établissements offrant des dangers exceptionnels pour la vie et la santé des ouvriers.

4º Les établissements occupant plus de 5 ouvriers et employant des moteurs mécaniques, ou occupant des personnes de moins de 18 ans, ou présentant des dangers particuliers pour la santé et la vie des ouvriers.

Le nombre des établissements fut fort accru par le fait de l'arrêté du 3 juin 1891 qui abaissait à 10 le nombre des ouvriers au lieu de 25 et qui par suite soumettait à la loi une partie des ateliers de la moyenne et de la petite industrie. Avant d'entrer dans les détails remarquons que c'est le dimanche que vise la loi et non un jour par semaine ; le gouvernement tient beaucoup à ce que ce jour soit le même pour tous. La loi de 1877 réglemente le repos du dimanche des femmes, des jeunes ouvriers et des adultes dans les articles 14, 15 et 16 ; il convient d'étudier séparément le repos de chacune de ces trois classes d'ouvriers.

§ 1. — La réglementation pour les femmes.

La disposition de la loi est bien simple : article 15, alinéa 1er : « Les femmes ne peuvent en aucun cas être « employées au travail du dimanche. »

L'application de cette interdiction absolue n'a soulevé de difficultés que quant aux ateliers de confection. Jusqu'en 1891, la plupart de ceux-ci échappaient à la réglementation, car peu d'entre eux possèdent plus de 25 ouvrières. Quant à ceux qui possèdent des ouvrières de moins de 18 ans, cas auquel cinq ouvrières suffiraient pour soumettre l'établissement à la loi, le passage de ces jeunes filles dans l'atelier n'est souvent que de peu de durée et on ne les signalait pas pour éviter les formalités. Quand en 1891 le nombre des ouvriers nécessaire pour que l'établissement fût soumis à la loi fut abaissé de 25 à 10, les ateliers de confection soumis au contrôle de l'inspecteur furent beaucoup plus nombreux. Mais le repos du dimanche y est souvent violé : l'absence de toute organisation professionnelle des ouvrières rend les plaintes fort rares ; même le président du syndicat suisse fait remarquer que le samedi soir et le dimanche matin sont souvent employés dans les ate-

liers de confection pour terminer les commandes de la
semaine ; le lundi les ouvrières ont peu à faire, ce qui
expliquerait jusqu'à un certain point les soumissions.
Les patrons se livrent à toutes sortes de stratagèmes
pour tromper les inspecteurs, certains même prétendent, dans l'industrie du vêtement, que leurs ateliers
ne peuvent être assimilés à des fabriques.

§ 2. — La réglementation pour les jeunes ouvriers.

La loi de 1877 admet au travail les enfants qui ont
quatorze ans révolus et les soumet à un régime spécial
jusqu'à l'âge de 18 ans. L'article 16, alinéa 3, dispose :
« Il est interdit de faire travailler... le dimanche des
« jeunes gens âgés de moins de 18 ans. Dans les indus-
« tries pour lesquelles le Conseil fédéral a reconnu, en
« vertu de l'article 13, la nécessité du travail non in-
« terrompu, cette autorité peut toutefois autoriser l'ad-
« mission de 14 à 18 ans dans ces industries, s'il est
« démontré qu'il est indispensable d'y employer en
« même temps des jeunes gens et surtout si cela pa-
« raît utile dans l'intérêt même d'un bon apprentis-
« sage. »
Quatre conditions doivent être remplies pour qu'on
puisse employer les jeunes ouvriers le dimanche.
1° Il faut prouver que leur présence le dimanche est
indispensable, et même alors l'autorisation sera subordonnée à toutes les prescriptions et garanties nécessai-

res dans l'intérêt des jeunes gens et de leur santé (art. 16, al. 3).

2° Que l'industrie qui les emploie comporte par sa nature un travail ininterrompu (art. 16 et 13).

3° La durée du travail ne pourra être que de 11 heures sur 24.

4° Le jeune ouvrier doit consentir de son plein gré au travail du dimanche.

Telles sont les dispositions de la loi de 1877... 6 verreries et 9 mines métallurgiques furent, par un arrêté de 1878, autorisées à employer des jeunes ouvriers le dimanche.

Mais aujourd'hui ces exceptions n'ont plus aucune application : l'arrêté du 14 janvier 1893, établissant le régime du travail du dimanche pour les industries à exploitation continue, stipule que seuls, les ouvriers âgés de plus de 18 ans pourront y être employés.

§ 3. — La réglementation pour les adultes.

Le régime des exceptions que la loi de 1877 accorde au repos du dimanche est empreinte d'un large esprit pratique. L'expérience a prouvé une fois de plus avec quelle sagesse avait procédé le législateur suisse.

Dans l'espace de 15 ans la jurisprudence s'est fixée et l'arrêté de 1893 a fixé définitivement les résultats que la pratique semblait dicter.

D'après la loi de 1877, article 14 : « Sauf les cas d'ab-

« solue nécessité le travail est interdit le dimanche
« excepté dans les établissements qui par leur nature
« exercent un travail continu et auxquels l'autorisation
« nécessaire prévu à l'article 13, alinéa 4, a été accordée
« par le Conseil fédéral. Même dans les établissements
« de cette catégorie, chaque ouvrier doit avoir un di-
« manche libre sur deux. »

Deux sortes d'exceptions étaient donc prévues par cet
article 14 : 1° un travail ayant lieu régulièrement dans
des industries exigeant par leur nature un travail continu ; 2° un travail qui se présente accidentellement
avec le caractère d'absolue nécessité. La loi se borna
donc à poser le principe sans spécifier les cas particuliers d'application.

§ 1. — Examinons d'abord les industries visées dans
l'exception de continuité ; ce sont celles qui par leur
nature technique ne comportent pas d'interruption. Il
s'agit des fabrications qui, sans grands dommages, ne
peuvent être interrompues en raison des procédés employés.

Les conditions dans lesquelles l'autorisation fut
accordée par le Conseil fédéral furent plusieurs fois
modifiées. Lors de la mise en vigueur de la loi, les fabricants qui estimaient être dans les cas prévus par la
disposition en question, devaient justifier devant le
Conseil fédéral, que leur industrie ne pouvait se passer
d'une exploitation continue, et remettre un règlement
qui prévoyait la répartition du travail et le nombre

d'heures d'occupation de chaque ouvrier. De plus l'autorisation n'était accordée qu'à sept conditions, dont trois prévues par la loi et les quatre autres ajoutées par le Conseil fédéral : 1° un dimanche sur deux ; 2° un maximum de 11 heures sur 24 ; 3° le consentement de l'ouvrier au travail du dimanche ; 4° la réduction au strict nécessaire du nombre d'ouvriers employés ; 5° la communication à l'autorité, des conditions de son obtention, ainsi que de l'horaire du travail et leur affichage dans l'atelier ; 6° la précarité de l'autorisation qui pouvait être retirée, dans certains cas ; 7° l'avis à l'autorisation fédérale que le fabricant ne fait plus usage de l'autorisation quand ce sera le cas.

Avec la pratique, vint l'expérience. En 1880, plusieurs établissements demandèrent qu'on entendit sous le terme d'exploitation ininterrompue, les travaux qui, quoique ne demandant que quelques heures le dimanche, « étaient nécessaires pour empêcher la détérioration des produits en fabrication », travaux qu'on devait entreprendre sur le champ si on voulait éviter de sérieux dommages. Le Conseil fédéral fit droit à leur requête, par une circulaire du 21 mai 1880, en autorisant le travail du dimanche pendant 3 heures au plus s'il y a lieu, dans le but d'empêcher la détérioration des matières en travail.

En 1886, le Conseil fédéral fut de nouveau amené à accorder une exception à la règle posée ; il prit le 2 septembre des décisions générales pour tous les moulins et brasseries, car ces établissements, comme on le fait remarquer, demandaient tous des autorisations : comme ils sont nombreux et que la raison qui leur donne droit à l'exception est la même pour tous, le Conseil fédéral prit la mesure citée : Les moulins à farine et les brasseries reçurent donc une autorisation. Ils ne rentraient pas strictement dans les conditions exigées, ce n'était pas des raisons techniques, mais des raisons économiques, qui leur firent accorder ce bénéfice du travail du dimanche ; on invoqua des raisons de concurrence étrangère. Dans les moulins à farine, un temps de trois heures fut accordé pour nettoyer les machines et les parquets et les mettre en état, parce que ces opérations ne pouvaient avoir lieu pendant le travail normal. Dans les brasseries, le travail du dimanche put s'effectuer dans la malterie, la fermentation, le service des machines et l'expédition. Le nettoyage des machines fut aussi permis le dimanche, mais jusqu'à midi. Ainsi on dérogeait au *système des autorisations spéciales* à chaque industriel, sur requêtes spéciales et individuelles, pour accorder des *autorisations générales* et des *raisons économiques* s'ajoutaient aux *raisons techniques*.

L'important arrêté du 14 janvier 1893 ne fit que consacrer ce système des autorisations générales. Après une sérieuse enquête dirigée par les inspecteurs des fabriques, l'arrêté fixa pour ainsi dire la situation de fait, en effet on avait remarqué que tous les établissements d'une même industrie avaient besoin des mêmes autorisations : ce qui avait mené nécessairement à l'habitude de ne plus demander de permission : on craignait la multiplicité des démarches pour une autorisation qu'on voyait accorder facilement dans les mêmes cas à d'autres et qu'on savait ne pouvoir être refusée. Cette coutume avait amené un certain nombre d'infractions contre lesquelles il était difficile de sévir. Qu'on nous permette d'emprunter à M. Waxweiler la classification des exceptions accordées, classifications qui reposent sur les conditions mises aux autorisations accordées (p. 149).

§ I. — Autorisations générales sans condition de genre de travail ni de durée :

1. *Usines à gaz.*

2. *Salines.*

§ II. — Autorisations conditionnelles sous le rapport du genre de travail :

3. *Installations électriques* (pour la surveillance des moteurs, machines et conduites).

4. *Fabrique de ciments et de chaux* (pour la calcination).

5. *Tuileries, poteries, fabriques de poëles* (pour la cuisson et pour les soins à donner aux matériaux mis à sécher).

6. *Fabriques de pâtes de bois, de cellulose, de papier et de carton* (pour les procédés de la fabrication de la cellulose à la lessive jusqu'à la préparation de la pâte de bois).

7. *Brasseries* (pour les travaux de la malterie, le service des machines, la surveillance de la fermentation et pour le personnel occupé à l'expédition ; de plus le nettoyage des machines peut avoir lieu le matin).

§ III. — Autorisations conditionnelles sous les rapports du genre de travail et de la durée :

8. *Tanneries* (pendant quelques heures pour la manipulation des peaux dans l'eau et dans les bassins à couleur et pour le service des installations de séchage).

9. *Fabriques appartenant à l'industrie laitière* (pendant quelques heures pour la réception, le pesage, la conservation, la distribution du lait et le transport chez les clients ; — sans condition de durée, pour la condensation du lait et le nettoyage des ustensiles).

10. *Fabriques de pâtes alimentaires* (pendant une à deux heures le matin, pour retourner les pâtes encore humides).

11. *Moulins à farine et à riz* (pendant 3 heures pour le nettoyage et la mise en état des machines et des planchers).

Les conditions générales mises par l'arrêté du 14 juin 1893 pour obtenir les autorisations étaient les mêmes que celles que le Conseil fédéral avait exigées dès le début de la loi.

« Art. II. Les autorisations mentionnées à l'article 1er
« sont valables pour toutes les fabriques appartenant
« aux branches d'industries qui y sont énumérées sans
« qu'il soit nécessaire de présenter à cet effet des de-

« mandes spéciales, mais elles sont subordonnées à
« l'accomplissement des conditions suivantes :

« 1° Ne peuvent être employés au travail... du diman-
« che que les hommes âgés de plus de 18 ans et seule-
« ment s'ils y consentent de plein gré ;

« 2° La durée du travail de chaque ouvrier ne peut
« en aucun cas dépasser la limite de onze heures sur
« vingt-quatre, lors même que se change chaque se-
« maine le tour des équipes de jour et de nuit ;

« 3° Le dimanche et, dans les exploitations autorisées
« à travailler ce jour-là, un dimanche sur deux, chaque
« ouvrier doit être libre pendant 14 heures consécuti-
« ves, cette disposition s'applique aussi aux jours léga-
« lement fériés ;

« 4° L'autorisation et les conditions auxquelles elle
« est subordonnée, ainsi que la répartition du travail
« (horaire) doivent être affichés dans les ateliers.

« Un exemplaire de l'horaire devra être transmis à
« l'inspecteur des fabriques de l'arrondissement par
« l'intermédiaire de l'autorité exécutive cantonale.

« 5° Si les conditions posées ne sont pas observées,
« ou si l'application de l'autorisation accordée font naî-
« tre des inconvénients, cette autorisation peut en
« tout temps être retirée dans chaque cas particu-
« lier. »

Quant aux établissements qui n'appartiennent pas à
l'une des onze catégories citées plus haut, ils doivent
toujours demander une autorisation spéciale, comme
au début de l'application de la loi.

§ 2. — Examinons maintenant les exceptions qui rentrent dans le cas d'absolue nécessité.

La définition de ce que la loi entend par là n'est donnée ni par elle, ni par aucun arrêté. Il est même probable que ce silence a été voulu : le contrôle aura ainsi plus d'action. Le département fédéral, dans une circulaire de 1893 à un gouvernement cantonal trouve que « la définition des ouvrages d'absolue nécessité est très « difficile et très vague, qu'il est excessivement dan- « gereux de ne pas contrôler les autorisations déli- « vrées ».

Mais on peut arriver, en rapprochant plusieurs décisions du Conseil fédéral intervenues au sujet d'autorisations requises, à délimiter à peu près ce qu'on doit permettre le dimanche au titre de travaux d'absolue nécessité. On ne peut pas considérer comme tels, ceux entrepris pour simples convenances d'affaires ; ce ne peuvent être non plus des travaux de production normale ; la nécessité de terminer une commande, le désir de compenser un chômage ne peuvent pas justifier une autorisation. Il faut que ce soient des travaux d'ordre technique ou hygiénique, ils doivent ne pas pouvoir être entrepris à un autre moment sans troubler la marche de l'établissement; ces travaux doivent être absolument exécutés ce jour-là pour que l'exploitation puisse reprendre son cours normal le lundi suivant.

Ici encore, la pratique devait fixer les principes que le législateur de 1877, ignorant de la pratique industrielle, n'avait fait que poser dans la loi. Diverses branches d'industrie demandèrent au Conseil fédéral d'apporter quelque précision dans la détermination des travaux permis le dimanche à titre exceptionnel et pour quelques dimanches seulement. Le Conseil fédéral décida de faire des enquêtes contradictoires, seul moyen de bien faire ressortir les nécessités industrielles. Aussi le 21 mars 1887, le Conseil fédéral généralisa-t-il une décision qu'il avait prise pour l'industrie de la bonneterie : le nettoyage des chaudières à vapeur et la mise en état des transmissions doivent être considérés comme des travaux d'absolue nécessité. Sur la réclamation de la société des constructeurs de machines et après une importante et longue enquête, le Conseil reconnaissait plusieurs travaux comme étant d'absolue nécessité, mais il les soumettait encore à une décision des inspecteurs du travail qui avaient à intervenir dans chaque cas particulier : de plus ces décisions n'étaient valables que pour la seule industrie de construction de machines.

Sur la pétition adressée au département fédéral par l'association suisse de l'industrie de la filature, de la retorderie et du tissage et après un rapport développé des inspecteurs du travail, le département fédéral rendait, le 7 avril 1894, un arrêté concernant les travaux d'absolue nécessité dans les fabriques (il s'occupait aussi de la fixation des travaux accessoires, mais c'est un autre ordre d'idées) : on considère comme tels :

« 1° Entretien des chaudières à vapeur, des conduites
« à vapeur, des machines à vapeur, des turbines, des
« appareils et des câbles électriques ;

« 2° Chauffage des fabriques en hiver, les dimanches
« et jours fériés ;

« 3° Graissage des transmissions ;

« 4° Nettoyage des canaux et réservoirs ;

« 5° Répartition de transmissions et de machines mo-
« trices ;

« 6° Badigeonnage des salles et réparation des plan-
« chers ;

« 7° Éclairage électrique des bureaux et des loge-
« ments », mais sur ce dernier point l'inspection exa-
minera avec soin chaque cas particulier car pour une
occupation de ce genre « un excès de travail ou de la
« durée du travail peut constituer un danger non seu-
« lement pour la santé des ouvriers, mais encore pour
« la sécurité de l'exploitation entière, un ouvrier dont
« les forces sont épuisées n'étant plus capable de prêter
« une attention suffisante à son ouvrage ».

L'arrêté continue :

Article 2 : « Les autorisations accordées à l'association
« suisse de l'industrie de la filature, de la retorderie et
« du tissage sont déclarées valables pour toutes les
« branches de l'industrie. »

Cette mesure a consacré le même principe des autorisations générales que nous avons rencontrées dans
l'arrêté du 14 janvier 1893 pour l'exception de conti-

nuité : la différence avec cet arrêté, c'est que les autorisations générales s'étendent à des travaux d'une nature définie, tandis que pour les exploitations continues, elles s'appliquent à des industries déterminées.

Remarquons d'ailleurs que la pratique avait résolu le problème et que l'arrêté que nous venons d'étudier n'a fait que consacrer une situation de fait : en effet la plupart du temps, les industriels s'abstenaient de solliciter des autorisations qu'ils savaient ne pouvoir leur être refusées. C'était devenu, dit le Conseil fédéral, « une « simple fonction mécanique, dont le caractère vexa- « toire ne pouvait en conséquence être entièrement con- « testé (1) ».

Il ne faut pas oublier qu'à côté de ces autorisations générales données une fois pour toutes, les industriels pourront obtenir des autorisations spéciales dans chaque cas particulier, qui ne serait pas visé par l'arrêté de 1894, mais qui est naturellement un cas d'absolue nécessité. Telles sont les exceptions du principe posé par la loi de 1877. Le repos du dimanche est corroboré par une réduction de la journée de travail du samedi. Le législateur suisse l'a pensé également et dans l'article 11 de la loi de 1877, article qui décrète la journée légale de 11 heures, il dispose : « La durée du travail « est réduite à dix heures la veille des dimanches et « jours fériés. »

____

(1) Rapport du Conseil fédéral à l'Assemblée fédérale (3 juin 1891).

C'est en Suisse une des prescriptions les mieux observées de la loi de 1877. Les industriels s'y sont facilement soumis et un inspecteur remarque que la réduction du travail n'a pas entraîné de réduction de
salaire, notamment dans les cantons de Fribourg,
Berne et Genève : car les industriels sont compensés
par l'accroissement du zèle des ouvriers qui font aussi
preuve de plus grande bonne volonté. D'ailleurs dans
des cas fort rares où étaient relevées des infractions, le
Conseil fédéral se montrait très sévère : ainsi au début
plusieurs industriels employaient cette heure de chômage, prescrite pour le samedi soir, à des travaux de
nettoyage et d'entretien, alléguant que ce n'était pas là
travail de fabrication. M. K. Cramer-Frey, président de
l'Union suisse du commerce et de l'industrie, résumait
ainsi la situation (1) : « La réduction de 11 à 10 heures
de la journée de travail le samedi est encore à présent
considérée par quelques industriels, notamment par
certains patrons de l'industrie textile, comme nuisible
à la production. Avant la loi cette réduction n'existait
que dans certains établissements, peu nombreux. Quant
à la situation actuelle, il arrive bien peut-être que de
temps à autre un industriel cherche à transgresser la
loi en abrégeant les temps de pause, ou en les occupant
par des travaux. Mais ce sont là de rares exceptions et
sérieusement personne ne pense à réclamer le retrait

(1) Waxweiler, *opere citato*, p. 203.

d'une mesure aussi bienfaisante. Les ouvriers, les pouvoirs publics et l'opinion se chargent d'ailleurs de veiller à une exécution loyale de la loi dans le véritable esprit de ses dispositions. »

La libération du travail a donc lieu le samedi et les veilles des jours de fête plutôt que les autres jours ouvrables ; cela semble aujourd'hui entré dans les habitudes industrielles. Mais il faut remarquer qu'au contraire, il y a en Suisse un grand nombre de partisans de cette idée qu'il faudrait renforcer les prescriptions et donner à l'ouvrier et plus particulièrement à l'ouvrière la liberté du samedi après midi. On sait que les associations ouvrières demandent, avec grande insistance, ce qu'elles ont déjà obtenu dans certaines industries, la réduction de la journée de travail de 11 heures à 10 heures. Or la réduction du travail du samedi semble à plusieurs être la solution de ce problème. On demande 60 heures de travail par semaine. L'industriel pourrait ainsi conserver la journée actuelle de 11 heures, *s'il y trouve avantage*, pendant les cinq premiers jours de la semaine, sauf à réduire à cinq heures la journée du samedi. Le Conseil fédéral a conclu dans le même sens dans son rapport du 16 juin 1894 sur la réduction de la journée de travail, et cela particulièrement pour les ouvrières.

Le régime des sanctions est bien simple ; l'article 13 de la loi de 1877, tout en réservant la responsabilité civile, punit toute contravention à la loi ou aux ordres écrits de l'autorité compétente, d'une amende de 5 à

500 francs. Les récidivistes peuvent, en sus de l'amende, être condamnés à la prison pour une durée de trois mois au plus.

En général l'application de l'arrêté de 1893 « n'a pas rencontré de difficultés notables ». Tel est l'avis du département fédéral dans son rapport de 1894. Un arrêté du Conseil fédéral a supprimé, à partir du 1er janvier 1896, l'autorisation de 3 heures de travail aux moulins à farine et à riz : l'expérience avait prouvé en effet que les travaux de nettoyage pouvaient être effectués pendant la marche normale de l'exploitation et que pour ceux qui exigent l'arrêt des appareils, une heure et demie tous les 15 jours suffisait grandement. Cependant des difficultés naissaient de l'exigibilité de deux des conditions imposées par la loi de 1877, précises et aggravées dans l'arrêté de 1893. En effet, chaque ouvrier doit 1° avoir un dimanche libre sur deux, 2° ne pas être astreint à une durée de travail dépassant 11 heures sur 24. La combinaison de ces deux conditions a soulevé bien des difficultés. La plupart des établissements industriels divisent leur personnel en deux équipes, l'une de jour, l'autre de nuit, occupées en général chacune 12 heures. Ces 12 heures peuvent être considérées comme rentrant dans les limites de la loi, car celle-ci entend qu'aucun ouvrier ne soit effectivement occupé plus de 11 heures sur un espace de 24 heures consécutives ; cet espace est compté à partir de n'importe quel moment et les pauses pendant l'ouvrage n'étant pas comprises dans

le temps de travail : la durée de la présence à l'usine ou
à l'atelier peut dépasser 11 heures pourvu que la durée
du travail proprement dit reste inférieure à cette limite. Il n'y avait qu'une seule façon d'obéir à la loi,
c'était de former une équipe supplémentaire.

En effet 4 autres combinaisons étaient pratiquées :
dans la 1ʳᵉ, chaque équipe se relaie les dimanches comme
les autres jours, la 1ʳᵉ condition d'un dimanche libre sur
deux n'est pas respectée. Dans la 2ᵉ, tandis qu'une équipe
se repose 18 heures, l'autre travaille pendant le même
temps et cela alternativement : aucune des deux conditions n'est observée, en effet, on travaille 18 heures au
lieu de 11 et le repos n'est pas du dimanche complet.
Dans la 3ᵉ, on occupe chaque équipe alternativement
pendant 24 heures les dimanches, ce qui donne un repos complet à l'autre équipe : une condition seule est
observée. Dans la 4ᵉ, les industriels avaient imaginé un
ingénieux accommodement avec la loi : le poste normal
de 12 heures était divisé en deux : chaque moitié du
personnel jouissait tous les dimanches d'un demi-jour
de liberté, ce qui, pensaient-ils, équivaut au repos légal
d'un jour entier pour tout le personnel, un dimanche
sur deux. C'est justement pour empêcher cette dernière
combinaison que l'arrêté de 1893 précise que le repos
du dimanche doit être de 24 heures consécutives.

Ces difficultés sont très importantes, quoique depuis
l'arrêté de 1893, la situation se soit un peu améliorée :
l'horaire du travail devant être communiqué aux ins-

pecteurs, on a pu constater et réprimer bien des infractions. Quoi qu'il en soit, c'est encore à ce propos que la
situation est le moins bonne. M. Waxweiler a dressé,
d'après les renseignements des inspecteurs du travail,
un tableau qui résume la situation du travail régulier
du dimanche.

Importance du travail régulier de production dans les
établissements soumis à la loi :

NATURE des travaux autorisés le dimanche	Arrondissement de l'inspecteur	Etablissements jouissant d'autorisation		Ouvriers occupés le dimanche	
		Nombres absolus	o/o du total des établissements	Nombres absolus	o/o du nombre total des ouvriers occupés pendant la semaine
Production continue	I	103	5.5	391	0.5
	II	89	7.9	312	0.8
	III	105	5.7	284	0.4
	3 arrondiss^ts Total..	297	6.1	987	0.5
Opérations particulières (quelques heures seulement)	I	75	4	313	0.4
	II	65	5.7	126	0.3
	III	50	2.7	233	0.3
	3 arrondiss^ts Total..	190	3.9	672	0.3
	Totaux.	487 sur 4847	10	1659 sur 190268	0.8

Comme l'auteur le dit, « ce tableau montre que, sur
l'ensemble des établissements soumis à la loi, un
dixième jouissent des autorisations nécessaires pour
travailler tous les dimanches à la production. Mais l'importance du travail se mesure par le nombre de personnes qui y sont astreintes : or il résulte du tableau
que sur près de 200.000 ouvriers, le travail régulier

de production en occupe moins de 1 0/0 ; cette proportion tombe exactement à 1/2 0/0 si l'on fait abstraction du nombre d'ouvriers occupés chaque dimanche quelques heures seulement pour certaines opérations indépendantes de la fabrication proprement dite. »

Les effets ont été importants et montrent le résultat qu'on peut attendre d'une législation ouvrière en ce sens. Et ici il ne faut pas oublier que la Suisse est dans une situation tout à fait particulière : le contrôle y est des plus délicats. En effet, l'esprit de centralisation y rencontre beaucoup d'adversaires et la loi a dû à maintes reprises s'en tenir à la bonne volonté des cantons, des autorités locales ; or l'intervention de celles-ci se réglait le plus souvent par des considérations toutes personnelles qu'on devine. On ne pouvait donc guère compter que sur l'intervention de l'opinion publique, qui depuis quelques années s'agite beaucoup en faveur du repos dominical.

Nous disons que la législation a produit d'excellents résultats et, en effet, les femmes, les filles et les jeunes gens de moins de 18 ans ne sont plus employés le dimanche comme auparavant ; le travail qui était entrepris le dimanche pour des considérations de convenances d'affaires, a disparu, on n'autorise plus que les travaux qui ne peuvent être interrompus pour des raisons purement techniques, on a augmenté la durée du repos hebdomadaire des ouvriers astreints aux travaux tolérés le dimanche d'une façon continue, enfin on a fait arrêter le travail une heure plus tôt le samedi et la veille des jours fériés.

Le seul obstacle qu'ait rencontré la législation sur le repos du dimanche, c'est la réglementation de la petite industrie. En effet l'article 34 de la Constitution, qui contient les principes du droit de législation ouvrière pour la Confédération, le limite à la réglementation des fabriques. Il est impossible d'y faire rentrer la petite industrie. Cette situation offre de graves inconvénients : car c'est justement dans les petits ateliers que les abus sont particulièrement nombreux et qu'il y a nécessité de protéger les femmes et les enfants fort employés ici.

Pour arriver à une réglementation il fallait réviser la Constitution. Une proposition de révision donnant à la Confédération le droit de légiférer sur « les arts et métiers » fut soumise au referendum en 1894. Elle fut rejetée, mais pour des causes tout à fait étrangères au principe du repos du dimanche : le peuple a surtout craint de voir l'ensemble de la loi du travail étendu aux artisans : il ne voyait pas favorablement les prescriptions sur les accidents, c'est là ce qui a causé le rejet de la proposition en même temps que l'esprit d'opposition à toute tentative de centralisation.

Si la Confédération a ainsi les mains liées, plusieurs cantons ont pris l'initiative durable de réglementer la petite industrie. C'est notamment le canton de Bâle-Ville qui, dans la loi du 23 avril 1888, interdit le travail du dimanche aux femmes et aux filles des petits ateliers, réduit pour elles la journée du samedi, sauf rares exceptions qui devront d'ailleurs faire l'objet d'autorisations temporaires : le travail pourra ainsi ce jour-là être prolongé jusqu'à onze heures, mais en aucun cas les ouvriers de moins de dix-huit ans ni les femmes enceintes ne pourront bénéficier de la permission.

Le canton de Glaris, le 8 mai 1892, vota une loi pour les ouvriers des deux sexes et s'étendant à tous les ateliers non soumis à la loi fédérale sur les fabriques.

Le canton de Saint-Gall adopta le 18 mai 1893 une loi protégeant les ouvrières de tous les métiers.

Le canton de Zurich interdit, par la loi du 12 août 1894, le travail des dimanches et jours fériés à toutes les ouvrières ; le samedi, la journée est réduite à neuf heures.

Les cantons ont donc fait là une excellente œuvre : le domaine de la réglementation du travail du dimanche s'étend ainsi peu à peu. Nous ne saurions mieux faire que citer les paroles de M. Curti sur les avantages de cette législation : « Les cantons font mieux que la Confédération : ils prennent des mesures adaptées aux
« exigences du milieu et aux habitudes de la région.
« Dans un canton dont l'activité se concentre dans
« certaines localités, et pour les seuls mois d'été, par
« exemple, il n'est pas nécessaire d'être si sévère. De
« plus, les cantons ont poussé plus loin la décentrali-
« sation ; ils légifèrent pour chaque question spéciale-
« ment. Ainsi, à Zurich, on s'est d'abord occupé du tra-

« vail des ouvriers, puis du service dans les auberges.
« Cela a deux avantages : d'abord les lois sont mieux
« faites et plus précises, étant moins générales ; en-
« suite, à la votation populaire, les intérêts sont divisés:
« les aubergistes ont tous voté la première loi, et les
« patrons atteints par elle se sont rattrapés en votant
« en masse la réglementation des aubergistes ! »

Les cantons préparent donc le terrain, la « législation fédérale viendra à son heure couronner l'édifice (1).

(1) Déclaration de M. Deucher, chef du département de l'industrie et
de l'agriculture au Conseil des États, le 2 juin 1895.

CHAPITRE IV

Nous n'avons pas grand besoin de nous attarder beaucoup sur l'Angleterre : parler du repos dominical anglais est devenu une banalité. Tous les auteurs qui ont écrit sur ce pays, tous les voyageurs qui nous ont laissé des récits en ont parlé les uns avec une grande admiration, les autres avec sévérité, suivant leurs tendances plus ou moins rigoristes. L'exemple de ce pays industriel est important pour notre cause et prouve qu'on peut parfaitement se passer d'un jour de travail par semaine.

§ 1. — Le repos du dimanche est entré dans les mœurs anglaises, il y est entré par une législation qui s'inspirait uniquement du point de vue religieux. Depuis Henri VI en 1488 le pouvoir civil a cru qu'il était dans ses attributions de faire respecter la sainteté du jour du Seigneur. Si les lois des anciens rois, en particulier le 7e chapitre du 29e statut de Charles II (1677) et le 49e chapitre du 21e statut de Georges III (1780) ne sont plus guère l'objet de débats, c'est que le repos, ne fût-il plus inscrit dans un texte, serait observé. Certains auteurs font toutefois remarquer une nouvelle tendance : « le dimanche ennuyeux » est l'objet d'attaques des publicistes et plusieurs procès contemporains viennent de mettre en lumière l'esprit qui anime bien des Anglais. Mais on ne discute que sur des questions d'application, sur la question par exemple de l'ouverture des usines qu'un rigorisme outré avait interdite, sur des conférences et des représentations théâtrales. L'Angleterre substitue à une législation qui s'inspirait uniquement de considérations religieuses, une législation qui n'a en vue que la protection du travail : le fameux statut de Charles II est lettre morte ; le 2 avril 1895 à la Chambre des lords une commission fut instituée pour amender le statut de Georges III ; seulement à rester debout, il est probable que ses jours sont comptés. M. Vercruysse (1) constate « le discrédit croissant qui entoure l'ancienne législation dominicale, celle que j'ai qualifiée « législation religieuse » à raison de l'esprit qui l'anime et qui incontestablement n'a rien de commun avec celle qui a dicté dans les législations récentes les mesures protectrices du repos dominical ».

Tandis que ces dernières, inspirées par des présomptions sociales, voient avant tout dans le repos dominical, le repos hebdomadaire du travailleur et s'efforcent en conciliant tous les intérêts, de rendre ce repos aussi effectif que possible, — même comme le font les Factory Acts pour les personnes protégées au

______

(1) Rapport officiel de l'Office du travail en Belgique, p. 263.

prix du sacrifice d'une partie de la journée du samedi,
— l'ancienne législation au contraire, celle de Charles II
et de Georges III défendue par la Lord's day observance
society, demeure tout à fait étrangère à ces considérations.

§ 2. — Avec cette situation de fait, on devine qu'il
est laissé bien peu de place à une législation du travail :
elle serait superflue la plupart du temps. L'industriel
qui veut faire travailler le dimanche est arrêté par l'esprit public qui le dénoncera à la réprobation générale,
mais il est aussi arrêté par cette habitude qu'ont prise
ces ouvriers. Ceux-ci tiennent en effet beaucoup à leur
dimanche et les Trade-Unions ont décidé que la privation du repos dominical méritait bien une compensa-
tion : le salaire du dimanche est le double de celui d'un
jour ouvrable. Deux raisons donc pour empêcher ou
tout au moins retenir quelque peu le patron de faire
travailler le dimanche. Quoi qu'il en soit, la loi anglaise
a cru devoir interdire le travail des personnes protégées,
c'est-à-dire des femmes, des adolescents, des enfants.
Ne citons que les dernières lois qui se sont occupées du
repos du dimanche dans l'industrie ou ont résumé les
règlements précédents, les Factory and Workshop Acts
de 1878, 1883, 1891 et 1895. L'Angleterre a maintenu
très nette la distinction des hommes, des adultes qui
sont présumés capables de se défendre eux-mêmes et
de ceux qui ont besoin de protection : les femmes et les
enfants. Voici quelques conséquences de la modification

de l'ancienne législation religieuse ; d'abord celle-ci s'é-
tendait à tous les ouvriers, la nouvelle ne vise que les
personnes protégées, ensuite la nouvelle législation
comporte des exceptions qui auraient été injustifiées
quand le dimanche était le jour de sanctification du
Seigneur, en troisième lieu comme la loi nouvelle entend donner à ces personnes protégées un repos effectif,
il ne suffit pas d'interdire le travail le dimanche il faut
encore donner quelque liberté le samedi, afin de permettre à la famille ouvrière de vaquer ce jour-là aux
travaux domestiques inévitables et lui laisser la journée
du dimanche entièrement libre.

L'article 21 du Factory and Workshop act du 27 mai
1878 énonce le principe : « Les enfants, les adolescents
« et les femmes ne pourront être employés le diman-
« che, hors les cas exceptés par la présente loi, dans
« les établissements industriels. » Ces cas exceptés ne
sont pas bien nombreux. La première exception est celle
de l'article 51 en faveur des ouvriers et des patrons de
la religion juive à condition que :

1° L'établissement chôme complètement le samedi
(au lieu du dimanche) ;

2° Qu'il soit fermé le dimanche au commerce ;

3° Que les restrictions imposées généralement au
travail du samedi soient respectées le vendredi ou le
dimanche ;

« 4° Que le chef d'industrie et tout le personnel em-
« ployé soit de religion juive ». Une deuxième excep-

tion est accordée par l'article 100 : « la présente loi ne s'applique pas aux adolescents qui travaillent uniquement comme mécaniciens, ou artisans, à la réparation des machines dans un établissement industriel, ni au travail du vidage, salage et emballage du poisson. »

Telles sont les dispositions de la loi anglaise sur le repos du dimanche à assurer aux personnes protégées.

Mais nous savons que le législateur a voulu que ce repos fût complet et non tronqué par les travaux domestiques nécessités par les soins du ménage. Aussi il a réglementé le travail du samedi. Ici la variété des régimes tolérés est assez grande.La loi maintient la distinction et cela s'explique historiquement, entre les industries textiles,et les industries non textiles.Puis le nombre d'heures diffère suivant qu'il s'agit des femmes ou des adolescents.M. Vercruysse dans son rapport à l'office du travail belge a résumé le système normal du travail du samedi en un tableau qui a le mérite de jeter la clarté sur cette matière. La législation actuelle résulte d'une combinaison des articles 11 et 15 de l'Act de 1878 et de l'article 13 de l'Act de 1891.

Voici le tableau :

Industries textiles.

Femmes et adolescents. — *a*) De 6 heures du matin à 1 h. 1/2 du soir (le travail de production doit cesser à 1 heure du soir), si un intervalle d'une heure est accordé pour le repas.

b) De 6 heures du matin à 1 heure du soir (le travail de production doit cesser à 12 h. 1/2 soir), si un intervalle de plus d'une demi-heure et de moins d'une heure est accordé pour le repas.

c) De 7 heures du matin à 2 heures du soir (le travail de production doit cesser à 1 h. 1/2 soir) sans intervalle exigé pour les repas.

Enfants. — Mêmes heures de travail le samedi que les femmes et les adolescents, mais comme ils sont soumis au régime du demi-temps (c'est-à-dire qu'ils travaillent un jour sur deux ou un demi-jour quotidiennement), ils ne peuvent travailler qu'un samedi sur deux.

Industries non textiles.

Femmes travaillant seules. — Journée de 8 heures à fixer entre 6 heures du matin et 4 heures du soir.

Femmes travaillant avec des enfants ou des adolescents. — De 6 heures du matin à 2 heures du soir, ou de 7 heures du matin à 3 heures du soir ou de 8 heures du matin à 4 heures du soir (avec intervalle d'une demi-heure pour les repas), régime uniforme pour toutes les personnes protégées, mais les enfants ne travaillent qu'un samedi sur deux (1).

(1) Dans l'industrie charbonnière régie par le Coal mines regulation-act de 1887, le travail est interdit aux femmes et aux enfants le dimanche toute la journée et le samedi à partir de deux heures de l'après-midi. La disposition relative au samedi ne s'applique pas à l'Irlande.

Telles sont les règles, mais nombreuses sont les exceptions qu'on peut ranger sous 6 chefs :

1° L'article 15 de l'Act de 1891 permet d'employer les adolescents et les femmes de 6 heures du matin à 4 heures du soir, avec intervalles d'au moins deux heures pour le repas, dans les fabriques et ateliers non textiles, quand le travail quotidien de la semaine est de 8 heures.

Il faudra afficher un avis dans l'atelier et en faire notification à l'inspecteur.

2° L'article 46 de l'Act de 1878 permet à certaines industries non textiles de demander l'autorisation au secrétaire d'État de transférer le régime du samedi à un autre jour de la semaine. En vertu de cet article, l'ordonnance du 22 décembre 1882 a permis cette substitution à certaines industries et notamment aux ateliers qui sont en rapport avec le commerce du détail. La raison : les ouvrières faisant leurs emplettes le samedi soir, il fallait laisser travailler cette catégorie d'industries où le travail est justement le plus indispensable ce jour-là.

3° En vertu de l'article 58 de l'Act de 1878 les adolescents mâles peuvent travailler le samedi comme les autres jours de la semaine, c'est-à-dire 12 heures au maximum, dans les hauts-fourneaux, les laminoirs, les papeteries et les imprimeries typographiques, travaillant par équipes alternatives de jour et de nuit.

4° L'article 47 de l'Act de 1878 permet que dans les industries de teintures au rouge d'Andrinople les ado-

lescents et les femmes travaillent le samedi jusqu'à
4 heures 1/2 du soir, à condition que le nombre total
des heures permises de la semaine ne soit pas dépassé.
L'article 55 ajoute d'ailleurs que ce travail serait permis sans aucune restriction dans ces mêmes ateliers,
s'il y avait danger de combustion spontanée. Il en est
de même dans les blanchisseries en plein air, en cas de
troubles atmosphériques inattendus.

5° On pourra faire travailler dans les ateliers dirigés
par des personnes de religion israélite et n'occupant
que des ouvriers de cette religion dans les conditions
suivantes : si les ateliers ont été fermés le samedi jusqu'au coucher du soleil, on pourra faire travailler les
femmes et les enfants depuis ce moment jusqu'à 9 heures du soir ;

6° Nous avons déjà vu cette exception au sujet du
travail du dimanche : c'est celle de l'article 100 de l'Act
de 1878. Elle exempte de toute limitation le samedi :
tout adolescent occupé seulement à des travaux de réparation et tous ceux occupés au travail de préparation
du poisson à son arrivée sur les bateaux de pêche.

Il ne faut pas oublier que l'article 22 de l'Act de 1878
et l'article 17 de l'Act de 1895 accordent aux personnes
protégées la liberté du jour de Noël et du jour du Vendredi-Saint (ce dernier pouvant être remplacé par un
autre jour férié légal). On leur accorde aussi le repos
des quatre jours dits *bank holidays*.

Mais ceux-ci peuvent être remplacés par d'autres

jours ou des demi-journées en nombre double, pour cela
on exige un affichage préalable et une notification à
l'inspecteur du travail. Si le gouvernement l'autorise,
certaines industries pourront ne pas donner ces jours de
repos à tout leur personnel simultanément, mais en
aucun cas nul ne pourra choisir comme jour de repos
un dimanche ni un samedi. Dans les établissements
israélites les jours de Noël et du Vendredi-Saint peuvent
être remplacés par un autre jour férié légal. Tel est
l'état du repos dominical en Angleterre en tant qu'il
est exigé par la loi industrielle.

Si maintenant on recherche comment en fait le repos est observé dans ce pays, il ne faut surtout pas oublier l'état des mœurs anglaises. C'est ce que confirme
l'opinion de M. John Burnett, chief labor correspondant au department of labor. « Si cette législation sur
« le travail des personnes protégées le samedi et le
« dimanche n'a rencontré d'hostilité de part ni d'autre
« et a été généralement exécutée avec la plus grande
« facilité, c'est qu'elle n'a fait en somme que consacrer
« officiellement l'état des choses préexistantes et érigé
« en coutume et que, loin d'innover, elle est quelquefois
« restée en deçà de la réalité. » On ne peut donc pas se
poser ici cette question qu'on se pose toujours à propos
de la législation du travail : dans quelles mesures la loi
sur les personnes et les enfants a-t-elle pu influer sur
les conditions des ouvriers adultes : les personnes protégées n'ayant pas vu changer leur situation antérieure,

cela n'a pu faire changer celle des adultes. Mais enfin comme le travail du dimanche n'est pas interdit par un texte positif, n'a-t-il pas lieu en fait dans certaines industries ? Puis dans les industries, qui sur le continent sont l'objet d'exception quant au repos du dimanche, quelle est la situation de l'ouvrier sur ce point ?

Une grande enquête, accomplie sous la diligence de la Lord's day observance society et portée à la connaissance de la commission du travail en 1891, a recueilli de précieux renseignements sur la question. C'est ici qu'on voit la puissance des Trades-Unions. Dans les industries où ces associations sont puissamment organisées, les mines, les industries métallurgiques, les industries textiles, le travail du dimanche est rare ou du moins il n'est usité que dans la mesure strictement nécessaire. Dans la petite industrie au contraire, où le patron est placé en face de quelques ouvriers, sans force, on fait volontiers peu de cas de ces scrupules, car la clientèle ignore généralement le travail accompli pour la satisfaire et n'en manifeste par conséquent aucune réprobation. Le travail du samedi soir et du dimanche dans la petite industrie est chose relativement fréquente ; les difficultés de contrôle sont les mêmes en Angleterre qu'ailleurs ; les inspecteurs et les inspectrices estiment que, sur ce point, de nombreuses infractions leur échappent. Dans la grande industrie ce sont des centaines d'hommes que le patron aurait à contraindre, de plus le travail est très apparent : on a cité à Glascow

une compagnie de navigation qui voulait établir un service pour les touristes le dimanche. L'opinion publique
s'en alarma à un si haut point que l'entreprise au bout
de quelques mois à peine dut abandonner le projet. La
force de résistance que les ouvriers puisent dans leur
Trade-Union, leur a permis d'arriver à ce résultat étonnant, qu'ils travaillent moins que les personnes protégées par la loi : c'est ce que dit un inspecteur du travail
a Leeds : « Grâce à leurs Trades-Unions, les adultes sont
« arrivés à travailler moins que des personnes proté
« gées par la loi et finissent leur journée du samedi à
« une heure après midi et quelquefois à midi ». Et il en
est de même des grands corps de métiers, des constructeurs de navires, des ouvriers du bâtiment, des ouvriers
du fer, de l'acier, du verre même. C'est qu'ici il faut tenir compte d'une coutume qui s'est fixée parmi les associations. M. Burnett va nous le dire : « Dans les métiers
« bien organisés les choses en sont venues à ce point
« que toute heure de travail dépassant le total hebdo
« madaire fixé par la Trade-Union doit être payée dou
« ble ou moitié plus cher, peu importe qu'elle se fasse
« un samedi ou un dimanche. Cette tactique atteignant
« l'entrepreneur dans ses intérêts pécuniaires s'est ré
« vélée d'une efficacité parfaite. Vous pouvez être as
« suré qu'un patron n'emploie ses ouvriers dans ces
« conditions qu'en cas de nécessité absolue. »

Ce sont ces exigences des ouvriers qui expliquent comment on est arrivé à proscrire le travail du dimanche dans des industries où, dans la plupart des pays, on le considère comme indispensable. Il en est ainsi pour la verrerie : on trouve avantage à respecter le repos dominical et à maintenir les fours pendant 36 heures à la température de fusion, parce qu'en faisant travailler, il faudrait payer double salaire à tout le personnel, tandis qu'avec le système employé, on n'a besoin de garder que quelques chauffeurs pour la surveillance des feux. Il en serait de même dans certaines usines à gaz qui ont préféré développer l'outillage de manière à pouvoir produire pendant la semaine tout le gaz nécessaire à la consommation du dimanche (déclarations des inspecteurs du travail de Liverpool et de Leeds). Les mêmes inspecteurs et celui de Newcastle déclarent : « A New-« castle, l'industrie des productions chimiques, l'une « des principales de la région, n'occupe que 5 0/0 des « ouvriers aux travaux les plus indispensables. La pape-« terie travaille habituellement jour et nuit par équipes « alternatives ; le dimanche tout s'arrête, il ne reste que « quelques hommes éventuellement, pour les répara-« tions aux machines et l'on reprend le travail dans la « nuit du dimanche au lundi. A Birmingham, centre « des industries du fer et du verre, on estime à 1/2 0/0 « la proportion de la population ouvrière occupée le « dimanche. » Chacun sait qu'en Angleterre les journaux ne paraissent que six fois la semaine. Les imprimeries, suivant l'heure de la dernière édition, chôment du samedi soir au dimanche soir ou du samedi soir au lundi.

à midi. Quant aux chemins de fer, on a fait une légende de leur observance du repos dominical : c'est exact quant aux trains de voyageurs ; le service est limité pour ceux-ci à un convoi de deux dans chaque sens et sur les petites lignes le service est complètement arrêté. Mais les trains internationaux continuent à circuler aux mêmes heures que la semaine. Quant aux trains de marchandises, ceux qui sont en mouvement le dimanche matin continuent leur route.

Il n'est qu'une industrie notée comme usitant régulièrement le travail du dimanche, c'est celle des hauts-fourneaux. Les ouvriers travaillent par équipe de douze heures et le dimanche chacune des deux équipes travaillent alternativement pendant vingt-quatre heures consécutives, de manière à établir un roulement qui donne un dimanche libre sur deux : les deux équipes prennent alternativement de semaine en semaine le service de nuit.

On voit par ces exemples combien l'idée du repos du dimanche a jeté de racines profondes dans l'âme nationale. On voit aussi, et cela peut nous servir d'exemple, que quand on veut absolument arriver à un but, fût-ce la réalisation du repos dominical, on y arrive dans une large mesure.

CHAPITRE V

En proclamant la liberté des cultes et en remplaçant
le calendrier grégorien par le calendrier républicain, la
Révolution de 1789 abrogea toutes les mesures législatives, prises pour le repos du dimanche. La loi du
24 janvier 1793 divisa les mois en décades et le décadi
remplaça le dimanche, mais le repos n'y était plus
obligatoire comme pour ce dernier. Le décret du 7 ven-
démiaire an IV punissait en effet d'une amende de 50 à
500 livres et d'un emprisonnement d'un mois à deux
ans celui qui contraignait un citoyen à observer tel ou
tel jour de repos. On avait pris cette mesure, semble-
t-il, pour consacrer la liberté des cultes. Mais à cette
liberté trop absolue le gouvernement substitua un
retour aux anciennes idées, mais en faveur des décadi.
Les paysans n'auraient jamais pu s'accoutumer au nouveau calendrier, les partisans de l'ancien régime avaient
continué à montré leur mécontentement en observant
les dimanches. Aussi la loi du 17 thermidor an VI vint-
elle imposer le repos, les décadi et jours de fêtes nationales, aux autorités publiques et à leurs employés, les
actes de procédures furent suspendus, les écoles, bou-

tiques et ateliers durent être fermés, tout travail fut interdit, sous les peines portées par l'article 105 du Code des délits et des peines. Le consulat revint sur cette mesure par un arrêté consulaire du 7 thermidor an VIII : le repos des décadi n'était plus obligatoire que pour les autorités constituées, les fonctionnaires publics et les salariés du gouvernement : les citoyens pouvaient désormais prendre leur repos à leur guise et le jour qu'ils préféraient.

Quand le calendrier grégorien fut rétabli, la question se posa de savoir si l'ancienne législation sur le repos du dimanche devait être appliquée de nouveau. Il semblait qu'il eût suffi de tenir compte de l'article 57 de la loi organique des cultes du 18 germinal an X, d'après lequel le repos du dimanche et des grands jours de fête n'était obligatoire que pour les fonctionnaires publics. Portalis avait bien vu le silence de cet article en ce qui concerne le repos des particuliers, mais il pensait que l'esprit de la loi commandait à tous le respect des jours consacrés à la religion. C'est en ce sens qu'il proposait d'étendre la réglementation qu'avaient déjà édictée plusieurs préfets en prohibant le travail extérieur pendant ces mêmes jours. Mais Napoléon refusa de décréter cette mesure (1). De son côté la Cour de cassation reconnaissait, par un arrêt du 3 août 1809, que le repos des fonctionnaires publics fixé au diman-

_____

(1) Note datée d'Ostende du 5 mars 1807, correspondance tome XII, p. 468.

che n'était aucunement obligatoire pour les simples particuliers. Un autre arrêt du 13 août 1813 déclarait abrogé par les constitutions qui avaient proclamé la liberté des cultes, l'arrêt du parlement de Paris de 1724 et le règlement du 8 novembre 1783 imposant à tous l'observation des jours consacrés aux solennités religieuses.

Cependant Napoléon n'était pas opposé aux principes du Concordat. Tous nos grands codes ont consacré par quelques articles le repos du dimanche à divers points de vue : les articles 63, 781, 1037 du Code de procédure civile, les articles 134, 162 du Code de commerce, l'article 25 du Code pénal sont favorables à cette mesure.

Avec la Restauration on devait revenir aux anciens usages : la Charte reconnaissait la religion catholique comme religion d'État.

Il était logique qu'une loi fît sanctionner le repos des jours de fêtes catholiques. Plusieurs circulaires en ce sens avaient d'ailleurs préparé la voie à la loi du 18 novembre 1814. Les travaux ordinaires étaient interrompus les dimanches et fêtes reconnus par la loi de l'État. Étaient défendus, tout travail extérieur aux ouvriers et artisans, l'étalage, la vente à boutiques ouvertes, le colportage et les chargements. On reconnaissait des exceptions en faveur des pharmaciens, des postes, des messageries et voitures publiques, des voitures de transport par terre et par eau, des usines pour lesquelles l'interruption est dommageable, ainsi que des ouvriers employés aux récoltes, aux travaux urgents et aux réparations d'une nécessité absolue. Les contraventions étaient punies d'une amende de cinq francs au plus pour la première infraction, la récidive était punie d'une amende de quinze francs et de cinq jours de prison au plus.

Sous le gouvernement de Louis-Philippe, une nouvelle tendance se fait jour avec la loi de 1841 : celle de la protection ouvrière. La loi du 22 mars 1841 réglemente le travail du dimanche des enfants, mais elle fait partie d'un système de protection générale pour ceux-ci. Le 11 janvier 1840 le gouvernement présenta en ce sens à la Chambre des Pairs une proposition de loi. Les caractères généraux de cette loi méritent d'être examinés avec soin, bien qu'elle soit limitée à la protection des enfants et qu'elle ne contienne qu'incidemment le repos du dimanche, car la question générale du droit d'intervention de l'État et de ses raisons, dans la réglementation du repos, fut largement discutée : les arguments pour et contre furent tous indiqués.

Cette loi était la première étape dans la voie de la réglementation du travail par l'État. Le gouvernement demandait seulement (1) qu'on lui donnât le droit de faire des règlements généraux ou locaux qui auraient égard à la diversité des industries, des procédés et des climats. Mais la Chambre des Pairs alla plus loin et le ba-

(1) *Moniteur*, 1840, p. 6.

ron Dupin combattit le projet du gouvernement pour deux raisons : dès cette époque on connaissait les branches de l'industrie, dans lesquelles des abus s'étaient produits ou pouvaient se produire ; de plus, les mesures d'ordre doivent avoir des bases uniformes, que pose le législateur lui-même. Si l'état de l'industrie et ses abus réclamaient une mesure d'ordre, il fallait que cette mesure fût inscrite dans la loi même. Or les fabricants du Haut-Rhin, en particulier la Société de Mulhouse, avaient sollicité la protection contre les abus du travail des enfants, que signalaient de leur côté les Chambres consultatives et les conseils de prud'hommes. L'intervention de l'État se justifiait encore par la législation de l'Angleterre, de la Prusse, de la Bavière, du duché de Bade, dont on avait reconnu les bienfaisants résultats. La Chambre des Pairs, ainsi encouragée par l'état de l'opinion et par les législations étrangères entra résolument dans la voie de la réglementation par l'État et fut suivie par la Chambre des députés malgré l'opposition toute particulière de M. Lestiboudois qui fit ressortir la gravité de cette résolution. « La résolution de réglementer le travail est grave. Depuis la suppression des corporations, des maîtrises, des jurandes, le régime de liberté absolue est celui de l'industrie : la disposition pleine et entière de son travail appartient à l'ouvrier. » M. Beaumont disait de même : « c'est le premier pas que nous faisons dans une voie qui n'est pas exempte de périls : c'est le premier acte de réglementation de l'industrie : c'est un acte de tutelle ».

La mesure proposée se trouvait en contradiction apparente avec deux principes : la liberté du père de famille et la liberté de l'industrie. Les deux objections
furent réfutées par M. Corne, qui fit remarquer que
l'autorité du père est sainte et respectable, mais seulement s'il en fait bon usage, et qu'il en est de même de
la liberté de l'industrie, qui ne peut réclamer pour elle
le droit de nuire aux citoyens. « Le premier devoir d'un
gouvernement, disait-il, et je n'en connais pas de plus
impérieux, c'est de veiller à ce que les enfants du pays
soient robustes, intelligents et moraux. Il n'y va pas
seulement du bonheur des industriels, il y va de l'intérêt, de la sûreté, de l'avenir du corps social. » M. Renouard, rapporteur, disait de son côté : le droit de la
société est que le corps des enfants se développe librement... que leur âme et leur intelligence soient conduites vers le bien ; plus loin il ajoutait : « ce n'est pas
enchaîner la liberté de l'industrie que de punir ses
fautes ».

La loi de 1841 fut en second lieu une réglementation
du travail en tant que travail. Le baron Feutrier à la
Chambre des pairs caractérisa la loi de 1814 avec justesse : « une loi qui avait en vue de réprimer les actes
extérieurs contraires à l'observation du dimanche » ;
le rapporteur à la même Chambre énuméra les différents articles de la loi de 1814 pour montrer qu'on ne
pouvait, en les appliquant, empêcher le travail des enfants à l'intérieur des manufactures. Le rapport de

M. Renouard à la Chambre des députés faisait la même constatation.

Enfin la loi de 1841, en ce qui concerne spécialement la loi du dimanche et des jours fériés, s'inspirait de considérations religieuses. Le baron Tascher disait à la Chambre des pairs : « Nous réclamons le repos du dimanche, non seulement dans l'intérêt de la santé des enfants, mais encore dans celui non moins précieux de leur instruction morale et religieuse. » Le rapporteur à la Chambre des députés s'exprimait ainsi : « Préoccupés avant tout de l'avenir des enfants et de la volonté de leur assurer les bienfaits de l'instruction religieuse, nous devons choisir comme jour de repos celui que le christianisme consacre particulièrement à la pratique des devoirs religieux. C'est là un second motif plus puissant que le premier (la protection de la santé des enfants) pour faire un même choix du dimanche. »

La loi de 1841 était trop hésitante surtout dans l'exécution, et même de l'avis de ses auteurs, elle était comme le bien qui ne se fait que par des efforts successifs. Les règlements d'administration publique annoncés ne furent pas préparés, l'inspection ne fut pas constituée : on la confia à des commissions locales, aux inspecteurs de l'instruction primaire, aux vérificateurs des poids et mesures et aux ingénieurs des mines. La disposition relative au travail du dimanche était à l'article 4 : « Les enfants au-dessous de 16 ans ne pourront être employés les dimanches et jours de fêtes reconnues

par la loi. » La sanction était réglée par l'article 12 :
En cas de contravention, le propriétaire ou exploitant
était traduit devant le juge de paix et puni d'une amende
de simple police qui ne pouvait excéder 15 francs. Les
amendes pouvaient être cumulées jusqu'à un maximum
de 500 francs ; s'il y avait récidive, le propriétaire ou
exploitant était traduit devant le tribunal de police
correctionnelle et condamné à une amende de 16 à
100 francs. Il y avait récidive, si la seconde contravention se produisait dans les 12 mois après la première.
L'article 1ᵉʳ avait limité la sphère d'application : 1° aux
manufactures, usines et ateliers à moteur mécanique
ou à feu continu, et à leurs dépendances ; 2° aux fabriques occupant plus de 20 ouvriers réunis en atelier.

Sous la République de 1848 la question du repos du
dimanche ne fut pas résolue. Il nous faut signaler une
circulaire de M. Falloux, alors ministre des cultes,
datée du 24 février 1849, ainsi qu'une autre de M. Faucher, ministre des travaux publics, datée du 29 mars
1849, aux termes desquelles, l'État, les départements et
les communes étaient obligés d'exiger des entrepreneurs, auxquels ils confiaient leurs travaux, à accorder
à leurs ouvriers le repos des dimanches et jours fériés,
même à fermer complètement leurs chantiers ce jour-
là. De même l'administration de la guerre interdisait
par une circulaire de M. d'Hautpoul du 18 janvier 1850
de disposer les détails du service de façon à empêcher
le soldat d'accomplir ses devoirs religieux. Dans l'As-

semblée Constituante M. Wolowski déposa le 14 août 1848 une proposition de loi relative au travail des enfants dans les manufactures. D'après l'article 4 les enfants au-dessous de 18 ans ne pouvaient être employés les dimanches et jours fériés reconnus par la loi. Malheureusement il ne fut pas donné suite à ce projet. Dans la sphère restreinte de l'apprentissage, le travail du dimanche fut interdit par la loi du 22 février 1851 : les apprentis dans aucun cas ne pourront être tenus vis-à-vis de leur maître à aucun travail de leur profession, les dimanches et jours de fêtes reconnues par la loi. Si les usages ou les conventions autorisent le travail de rangement d'atelier les jours cités ci-dessus, ce travail ne pourra se prolonger au delà de 10 heures du matin.

Les ouvriers adressèrent des pétitions à l'Assemblée législative en vue d'obtenir le repos du dimanche : « ceux de Marseille, Tours, Lille, Nantes, Lyon et St-Étienne ». La pétition des ouvriers marseillais fut seule l'objet d'un rapport, c'est à cette occasion que le ministère s'engagea à donner des instructions afin que les travaux de l'État fussent suspendus les jours fériés (1). Citons aussi le rapport de M. de Montalembert lu à l'Assemblée Constituante le 10 décembre 1848 sur la proposition de M. d'Olivier. Malheureusement il n'y fut donné aucune suite.

(1) *Moniteur* du 11 décembre 1849.

Sous l'Empire, le gouvernement se refusa toujours à sanctionner par une loi le repos du dimanche. Mais l'État patron fit insérer la prohibition du travail de ce jour-là, dans le cahier des clauses et conditions générales imposées aux entrepreneurs des ponts et chaussées. La loi de 1841 fut sur le point d'être remaniée dans son ensemble, car elle était insuffisante comme moyen de protection : nul doute que l'article 4 n'en eût été maintenu tel quel. En 1867 on avait ouvert une enquête et soumis au Conseil d'État l'élaboration d'un vaste système de protection. Le projet du Conseil d'État fut présenté au Sénat le 28 juin 1870. Les événements arrêtèrent ces travaux.

La loi de 1874 reprit le travail préparé. Dès le 19 juin 1871, M. Ambroise Joubert présentait à l'Assemblée nationale une proposition de loi sur le travail des enfants dans les manufactures. Il s'agissait de garantir les enfants dans des conditions plus complètes contre l'abus d'un travail exagéré. C'était comme la loi de 1841 une œuvre de préservation, de moralisation et de progrès social : aussi est-il utile de rechercher dans les débats qui se produisirent à l'Assemblée, non seulement les discussions qui concernent le repos du dimanche, mais surtout les raisons sur lesquelles s'appuyaient les interventionnistes et leurs adversaires.

Les raisons de l'intervention sont ici les mêmes qu'en 1841 : « Cette loi devant laquelle ont eu à s'incliner à quelque degré les grands principes de la liberté du travail et de la liberté même du père de famille, a trouvé sa justification dans le devoir imposé par la conscience publique à la société, d'étendre son patronage matériel et moral sur nos jeunes générations ouvrières, dont il importait de défendre en même temps le corps et l'âme contre les abus d'une liberté doublement homicide (1). » L'État a un devoir de tutelle.

L'Angleterre est entrée résolument dans cette voie et son industrie y a trouvé de grands avantages en même temps que le sort des jeunes ouvriers s'améliorait. Quelle grave objection a-t-on faite au droit de réglementation de l'État ? L'enfant doit apporter à la communauté son salaire le plus tôt possible, il doit prendre jeune l'habitude du travail : il doit être libre de travailler. Or, en premier lieu, la loi morale nous impose des sentiments d'humanité pour les malheureux enfants dont on épuise les forces et la santé ; en second lieu, la liberté humaine est supérieure à la liberté du travail, « elle arme légitimement la loi pour les répressions des atteintes portées au développement naturel des facultés morales et de la constitution physique de l'enfant (2) ». Si le père abuse de l'enfant, la société a le devoir de le punir ; d'ailleurs l'enfant ne peut être chargé de l'entretien de la famille ni même du sien propre : si son travail rapporte un salaire aujourd'hui, plus tard il sera moins fructueux pour avoir été trop précoce. La richesse n'est pas tout le but

(1) Tallon, Rapport. *Officiel*, 30 mai 1872.
(2) *Ibid.*

d'une société ; il y a aussi la santé et la moralité des individus. La loi de 1841 doit donc être étendue à toutes les sortes d'industries : aussi bien aux petits ateliers qu'aux manufactures. L'ouvrier, pour soutenir la grande lutte du travail, a besoin d'un bras solide, d'un cœur honnête et d'une intelligence ouverte. Le législateur doit donc, dans la mesure du possible, s'efforcer de développer les forces physiques, morales et intellectuelles de la classe ouvrière. A. Joubert, M. de Mun, diront plus tard que le travail est une fonction sociale. On répétera les mêmes idées et les mêmes mots, mais à l'occasion des femmes, dans les discussions de la loi de 1892, sur l'extension aux femmes de la protection de l'État, demain sur l'extension de cette même protection aux hommes adultes. L'enfant qui travaille toute la journée, voit son intelligence et son cœur s'atrophier. « C'est au nom de l'intérêt social le plus élevé que je vous demande de supprimer le travail de nuit pour les femmes, c'est au nom des bonnes mœurs, au nom de la vitalité des générations futures et surtout au nom de la famille qui est absolument compromise si la femme reste absente du foyer domestique pendant la nuit (1). »

« Il y a une tendance à restreindre, à diminuer la responsabilité individuelle pour la reporter sur l'État ou à telle ou telle autre collectivité..... La liberté est une, il faut choisir entre la liberté individuelle ou la liberté

----

(1) A. Joubert, *Journal officiel*, 26 novembre 1872.

collective ; l'une exclut l'autre ; et je suis moi pour la
liberté individuelle. » Tel était le langage de M. Ducarre qui devait se retrouver si souvent dans la bouche
des législateurs de 1892. Et l'industrie, ainsi réglemen-
tée, comment luttera-t-elle contre la concurrence étrangère ?

Il est vrai que la réponse à ces objections ne se
faisait pas longtemps attendre (1). Il a été pour ainsi
dire écrit dans la Loi, disait Louis Blanc à l'Assemblée
nationale, que si l'intervention de la loi est quelquefois
absurde et funeste, il est des cas où elle est non seulement légitime, mais nécessaire : qu'elle est nécessaire
toutes les fois qu'au lieu de s'opposer au libre développement des facultés humaines, elle aide à ce développement ou écarte les obstacles qui le paralysent, que
l'État fait son devoir lorsqu'il intervient pour que la
culture de l'âme ou de l'esprit, cette première condition de la liberté, devienne possible à tous les degrés de
l'échelle sociale, lorsqu'il défend à l'enfant du pauvre
un travail qui abaisse son intelligence, dégrade son
corps, et, faisant de lui le valet d'une machine, ne lui
laisse le droit illusoire d'être libre qu'en lui enlevant le
pouvoir de le devenir..... C'est le développement éner-
gique de l'âme et de l'esprit qui fait les races fortes et
ce sont les races fortes qui font les grands peuples. »
Quant à la concurrence étrangère, elle n'est pas à re-

(1) Louis Blanc à l'Assemblée nationale.

douter ; les conditions sont égales, puisque (1) les peuples nos voisins nous ont précédés dans cette voie. Pour la concurrence intérieure : lorsque la loi est égale pour tous, lorsque tout le monde doit tomber sous le coup de la loi, il n'y a de privilège pour personne ; par conséquent, si une fabrique doit voir renchérir ses salaires, la fabrique concurrente est placée dans les mêmes conditions.

Aussi le législateur de 1874 intervint-il plus résolument et d'une manière plus large que celui de 1841. La loi de 1841 fixait à 8 ans l'entrée de l'enfant à l'atelier, à 8 ou 12 heures la durée de son travail de jour, suivant qu'il avait plus ou moins de 12 ans, la loi de 1874 a reculé à 12 ans la première limite et a réduit à 6 heures le travail de jour de l'enfant qui, par exception et par permission spéciale, travaillerait ayant moins de 12 ans : les mineurs de moins de 16 ans peuvent rester 12 heures à l'atelier. Tandis que sous l'empire de la loi de 1841 le travail de nuit n'était interdit qu'aux enfants de moins de 13 ans, sous l'empire de la loi de 1874, le minimum fixé pour travailler la nuit est reculé à 16 ans. De plus la loi de 1874 a précisé de nombreuses mesures déjà adoptées en principe par l'ancienne loi : par exemple l'instruction obligatoire pour tous les enfants de moins de 12 ans, l'interdiction aux enfants de certains genres de travaux dangereux ou nuisibles, l'organisation du service d'inspection.

(1) Godin, *J. off.*, 30 janvier 1873.

L'accord des membres de l'Assemblée fut unanime sur la question du repos du dimanche. « Nous avons reproduit avec la même faveur la disposition qui interdit le travail les dimanches et fêtes, non seulement par les considérations tirées des prescriptions de la loi religieuse, dont il est fort essentiel d'entretenir le respect au cœur des enfants, mais encore en considération d'un intérêt matériel et économique. Le repos hebdomadaire est en effet nécessaire à la santé de l'ouvrier, de l'enfant surtout ; il rompt la vie monotone qui se plie à la tâche quotidienne, il lui permet de jouir à certains jours de l'air et de la lumière, qu'il n'aperçoit pendant le travail de la semaine qu'à travers la fumée de l'usine. L'exercice récréatif du dimanche le vivifie, lui rend sa part des joies humaines ; l'intelligence et l'élévation des sentiments s'agrandissent à cet épanouissement de l'âme que produisent les heures de liberté et la promenade dans la saine atmosphère des champs. Les sentiments de famille trouvent également leur avantage à grouper chaque dimanche les enfants autour du père et de la mère, à resserrer ce lien intime des affections relâché par les conditions du travail industriel, pendant le temps si long où l'on ne s'est aperçu que le soir aux heures où le sommeil gagne, où la fatigue écrase. On arrache pour bien des heures l'ouvrier au cabaret en ramenant ainsi le dimanche, sous sa garde, sa femme et ses enfants. Les dispositions de la loi sont donc bienfaisantes et moralisatrices. »

Cependant en vertu des nécessités de l'industrie, des exceptions peuvent être accordées par des règlements d'administration publique aux usines à feu continu. L'article 5 de la nouvelle loi qui reproduisait l'article 4 de la loi de 1841 fut voté sans discussion. M. Bamberger proposa un amendement à l'article 5, en faveur des enfants de sa religion : « Toutefois le repos hebdomadaire aura lieu le samedi pour les enfants du culte israëlite. » Il demandait pour les parents le droit de faire travailler leurs enfants le dimanche : il était évident en effet que le chômage obligatoire du dimanche entraînerait le chômage de deux jours par semaine pour les israëlites pratiquants. Mais M. Bamberger et le Consistoire central de France ne s'opposaient pas à l'article 5, tel qu'il était pour les chrétiens, loin de là : c'était au nom de leur religion qu'ils réclamaient simplement une exception : « la religion, écrivait le Consistoire central, est un des éléments de moralisation les plus importants, et le but de l'assemblée ne serait pas atteint, si par suite d'une lacune existant dans le projet de loi actuel, les enfants appartenant à notre confession se trouvaient contraints de transgresser les commandements de notre sainte religion ». M. le comte de Melun répliqua que la loi devait avoir un caractère général et qu'il était impossible de la modifier pour une infime minorité et l'amendement fut rejeté.

La loi s'étendait cette fois-ci, à tout travail industriel dans les manufactures, fabriques, mines, usines, chan-

tiers et ateliers (art. 1) et les pénalités étaient sensiblement fortes : la répression, dès la première contravention était poursuivie devant le tribunal correctionnel et
les amendes, de 16 à 50 francs, étaient susceptibles
d'être cumulées jusqu'à 1000 francs. La récidive entraî-
nait une amende de 50 à 200 francs avec affichage et
insertion dans les journaux du département si le juge
l'ordonnait (1).

La loi de 1874 ne s'appliquait qu'aux filles mineures
de 21 ans et aux enfants âgés de moins de 16 ans. La loi de
1892 s'appliquera aux enfants de moins de 18 ans, aux
filles mineures et aux femmes et accentuera encore l'intervention de l'État. L'étude de la législation française
sur le repos du dimanche ne comporte pas malheureusement beaucoup de détails sur le sujet en lui-même : la
loi du 12 juillet 1880 n'est pas encore une loi de réglementation du repos au point de vue économique et
social : cette loi a abrogé la loi du 18 novembre 1814.
Cette loi s'est placée sur le terrain religieux : elle a
voulu abroger la loi de 1814 comme étant une conséquence de la charte de 1814 qui déclarait religion d'État
la religion catholique, mais elle n'entendait pas toucher
à la question du repos du dimanche dans l'industrie,
puisqu'elle réservait formellement l'application de la
loi de 1874. Il importait de le faire remarquer.

(1) Des exceptions étaient accordées par l'article 6 en faveur du travail exécuté dans les usines à feu continu. Les décrets des 22 mai 1875
et 5 mars 1877 ont réglé les questions d'application.— On sait que c'est
cette loi de 1874 qui a créé l'inspection.

En 1879, le Parlement était saisi par MM. Nadaud, Villain et plusieurs de leurs collègues, d'une proposition tendant à la réduction des heures de travail et à l'interdiction du travail de nuit pour les femmes. La proposition de loi fut rejetée par le Sénat le 24 février 1882 ; reprise après l'expiration des délais légaux par l'ancien rapporteur, elle fut soumise de nouveau à la Chambre des députés et,le 10 mars 1884, la Commission déposait un rapport favorable, mais elle ne put venir en discussion avant la fin de la législature. Elle fut élargie par une proposition du 15 juillet 1886 de M. Camélinat et, à la date du 13 novembre 1886, MM. les ministres Lockroy et Demôle soumirent à la Chambre au nom du gouvernement un projet de révision de la loi de 1874. Mais il s'agissait de l'extension de la protection de la loi aux adultes. « Votre commission,disait M. Waddington dans son rapport du 10 juin 1890, n'a pas voulu se dérober à l'examen de la limitation de la journée de l'ouvrier adulte ; mais elle ne s'est pas dissimulé que si l'accord existe sur la nécessité de la protection de l'enfance, si une entente est probable sur la réglementation du labeur du sexe faible, l'extension aux hommes des mesures adoptées a rencontré déjà et rencontrera probablement encore une opposition d'autant plus sérieuse, qu'elle s'appuie sur le nombre beaucoup plus considérable des travailleurs visés, sur l'importance des intérêts engagés et enfin sur des questions de principes, de doctrine, qui fourniront matière à de longues et intéressantes discussions. »

Et en effet les questions de l'intervention de l'État et de liberté de conscience allaient être reprises une fois de plus.

Toutes les nations civilisées acceptent le principe de la réglementation, mais doit-elle s'étendre aux adultes? MM. Nadaud, Camélinat, de Mun et beaucoup de leurs collègues le pensaient; le texte, adopté par la commission supérieure chargée de la surveillance de la loi de 1874 portait même à l'article 4 : « La durée des heures du travail journalier des ouvriers adultes ne peut également dépasser 11 heures. » Mais le projet ministériel écartait cette disposition relative aux adultes. L'intervention de l'État pour ses partisans se justifiait par le droit qu'a celui-ci de protéger les faibles : l'ouvrier, disait-on, est un mineur, puisqu'il ne peut éviter les désavantages de sa position ; il n'a que la liberté de droit et non celle de fait. De plus la statistique du recrutement démontre l'infériorité du nombre des jeunes gens valides, dans les régions industrielles. Comment un ouvrier, accablé par le travail, éviterait-il le cabaret et l'alcoolisme?

« Les raisons d'humanité, de santé, d'intérêt social, la nécessité de reconstituer la vie de famille, le désir de rendre plus vigoureuses les générations futures en ménageant leurs forces, tous ces arguments que l'on trouve excellents pour les jeunes sont aussi probants alors qu'il s'agit du soldat de nos contingents, du chef de la famille ouvrière (1). » Dans la séance de 1888, M. de Mun résumait ainsi les raisons de l'intervention de l'État : « Le droit qu'ont les pouvoirs publics d'intervenir dans le contrat du travail découle d'abord de ce que le travail est pour moi, non pas une marchandise, mais une fonction sociale, qui crée entre ceux qui la remplissent et la société des obligations réciproques et dont l'exercice ne peut être ainsi abandonné à la seule loi des intérêts particuliers.

« Voilà la première raison de principe qui justifie l'intervention du pouvoir. La seconde, c'est le caractère même du pouvoir, l'objet principal de sa mission, qui est d'être le gardien de la justice, c'est-à-dire le protecteur des droits de chacun et en particulier le protecteur du droit des faibles. »

La commission n'entra pas dans ces vues : l'ouvrier majeur doit être libre de ses actions, libre de disposer de son travail et de ses forces. « Vous ne leur permettez plus d'être juges eux-mêmes de la puissance de leur force musculaire, vous allez voter leur déchéance individuelle (2). » D'ailleurs, par les syndicats professionnels, les ouvriers peuvent contrebalancer la puissance patronale. Le projet de loi doit reprendre le titre modeste de « Modifications à la loi du 19 mai 1874 sur le travail des enfants et des filles mineures dans les manufactures ».

(1) Rapport de Waddington.
(2) Discours de Recipon, mars 1881. Chambre des députés.

M. Yves Guyot (1) déclara nettement qu'il était l'adversaire de l'intervention de l'État dans les contrats d'échange et qu'il combattait toute protection pour les jeunes gens comme pour les hommes adultes. « Comment, disait-il, vous admettez la liberté au point de vue religieux, vous admettez la liberté de pensée, la liberté politique et vous demandez en même temps la tutelle économique. » — Ce qui est une violation de la liberté, c'est l'intervention du législateur, substituant sa volonté à celle de l'industriel. « Oui, il est désirable que la femme reste au foyer, élève ses enfants, qu'elle veille aux soins de sa santé, qu'elle ne se dépense pas dans l'atelier. Mais il lui appartient de faire le choix de se déterminer d'après son intérêt, *tel qu'elle le comprend*, et quand le législateur intervient pour la contraindre à rester au foyer, son droit est injustement violé (2). Il faudrait d'abord assurer les salaires, même au besoin d'une subvention de l'État. »

La Commission du Sénat, sur le rapport de M. Ch. Ferry, se prononça pour la thèse libérale et la non-protection des femmes par l'État. MM. Chovet et Bérenger trouvaient la réglementation contraire à la liberté de l'individu et à l'égalité des citoyens devant la loi.

L'intervention de l'État fut néanmoins reconnue nécessaire, puisqu'on légiféra, et malgré les objections,

(1) Séance du 2 juin 1888.
(2) Séance du 11 juin 1888. Andrieux, Ch. des députés.

elle fut plus étendue que celle qui se manifesta par la
loi de 1874 ; mais sur le point du repos hebdomadaire,
il y eut un recul. La Commission invitait la Chambre à
étendre l'obligation du repos hebdomadaire aux enfants
mâles âgés de moins de dix-huit ans et à toutes les femmes sans distinction d'âge. Le repos du dimanche était
vu en tant que sanctification du jour du Seigneur et non
en tant que repos fixé à un jour régulier. « Afin de respecter la liberté de conscience de chacun et de ne pas
nous mettre en contradiction avec la loi du 14 juillet
1880, la Commission s'est bornée à limiter à 6 jours par
semaine le travail des enfants et des femmes sans indiquer quel devrait être le jour de repos. »

Mgr Freppel fit observer que si le repos est nécessaire
aux enfants et aux femmes, il ne l'est pas moins aux
adultes et que la loi ne doit pas livrer le choix du jour
à l'arbitraire et à la discrétion du patron. La Commission (premier paragraphe de l'article 5), interdit le
travail aux jours de fêtes reconnues par la loi : Noël,
Pâques, la Pentecôte, l'Ascension, l'Assomption, la
Toussaint. Si elle veut être logique, elle doit fixer le repos
au dimanche. La liberté religieuse est intéressée à ce
que le jour soit fixé au dimanche par la loi elle-même,
pour éviter l'oppression des consciences par le patron.
De plus, le même jour de repos est une exigence de la
vie de famille et de la possibilité de la surveillance pour
les inspecteurs. En seconde lecture, l'amendement fut
repris par MM. de la Batie, Lecointre et Félix-Leroy.

M. Boreau-Lajanadie se plaça nettement au point de vue hygiénique et social, loin de toute préoccupation religieuse et s'attacha surtout à montrer que la fixation du dimanche ne nuisait à aucune liberté. Leur amendement eut le même sort que le précédent. Le rapporteur fit observer que la disposition de Mgr Freppel était en contradiction avec l'abrogation de la loi de 1814 et qu'il serait impossible d'appliquer le repos du dimanche dans certaines industries, en particulier dans les verreries. L'amendement fut rejeté. Au Sénat, en seconde lecture seulement, il fut reproduit par M. Leguen et soutenu par les mêmes arguments, la liberté de conscience qu'on ne peut laisser opprimer pour ménager une minorité à la conscience de laquelle on ne nuit pas, l'utilité générale d'un repos régulier pour la vie de famille et pour la société. Il résumait ses raisons en ces mots : « Le respect du droit des enfants, l'intérêt de leur développement moral comme celui de leur développement physique, l'intérêt de la conservation de l'esprit de famille, et par suite de la société tout entière, le maintien d'une législation en parfaite harmonie avec nos mœurs et nos habitudes. »

A la séance du 7 juillet 1890, M. de Mun avait ajouté à l'amendement sur le dimanche une disposition relative au chômage du samedi : « Les enfants âgés de moins de 18 ans et les femmes de tout âge ne pourront être employés dans les établissements énumérés dans l'article 1er, les dimanches et autres jours de fête reconnus par la loi, même pour le rangement de l'atelier. Les samedis et veilles de jours de fête reconnus par la loi, la durée du travail des enfants, des filles mineures et des femmes ne pourra excéder 8 heures y compris les travaux de nettoyage, de réparation et de rangement ; une prolongation de la journée, les samedis et veilles de fêtes, ne pourra être autorisé que pour les travaux de réparation plus considérables, qui ne pourraient s'exécuter dans le courant de la semaine, sans entraîner le chômage de l'atelier ou d'une partie de l'atelier. » M. de Mun y développa avec son éloquence habituelle ses raisons en faveur du dimanche. « Quand donc réunirez-vous les membres épars d'un seul corps ? Quel jour pourront-ils se trouver rassemblés si vous ne le déterminez pas à l'avance et si vous ne le faites pas, que deviendra, je vous le demande, ce foyer commun si vous ne répondez pas à cette question ; je ne sais, en vérité, quelle idée vous vous faites du repos hebdomadaire. Est-ce que pour vous c'est seulement le repos des bras et la cessation du travail ? Est-ce que vous ne voulez pas que, ce jour-là, le foyer désert et froid pendant la semaine, soit un peu transformé, qu'un rayon de gaieté vienne l'embellir, que la famille séparée pendant 6 jours, se trouve rassemblée autour d'une table garnie d'un ordinaire un peu meilleur ; que des vêtements propres et réparés prennent la place ordinaire des habits de travail et que tous ainsi réconfortés par ce renouveau de bien, puissent, oubliant un peu leur misère, fuyant pour quelques heures l'air étouffé des faubourgs ou de la cité ouvrière, s'en aller joyeusement respirer l'air pur de la campagne ? Mais oui, Messieurs, voilà ce que vous voulez comme moi, assurément. Sinon votre repos hebdomadaire n'est qu'un mot et s'il n'est qu'un temps d'arrêt dans le travail, c'est qu'en réalité vous traitez l'homme comme la machine elle-même. »

M. de Mun remarqua en même temps qu'il aurait pu se dispenser de déposer son amendement, car le texte de la Commission portait « les jours de fêtes reconnues par la loi »; le dimanche est en effet un jour férié légal, de par de nombreux textes de la loi. De plus la commission était mise en contradiction avec elle-même, car les jours fériés qu'elle admettait sont tous, à l'exception d'un seul, des jours déterminés par des fêtes catholiques.

Aux objections techniques M. de Mun répondait par les témoignages de l'enquête sur les verreries d'Aniche. Dans les dépositions d'Aniche on trouve : « M. X... gobelottier : Nous avons transformé les fours à creusets en fours à bassin. Nous consentirions à supprimer le travail du dimanche à condition que ce fût l'objet d'une convention internationale. » Cette dernière question ne se pose pas, répliqua M. de Mun, puisque le travail du dimanche est interdit déjà chez la plupart des nations.

On trouve aussi M. X... gobelottier : « Nous demandons l'admission des enfants de 10 ans, en revanche, nous renoncerions au travail du dimanche, au travail de nuit et à l'emploi des filles. » Ce témoignage signifiait que le travail du dimanche n'était pas nécessité pour la marche même de l'industrie.

Enfin le directeur des verreries et manufactures d'Aniche déclare qu'on peut arrêter le dimanche le travail de la verrerie à bouteilles, mais non celui du verre à litres, ce qui est la seule objection pratique jusqu'ici.

Les mêmes raisons furent reprises par M. Léon Say qui proposa, dans la discussion du 19 décembre 1891 à la Chambre, de remplacer « repos hebdomadaire » par « dimanche » ; il fit remarquer qu'en fait ce serait toujours le dimanche qui serait choisi comme jour de repos, que l'habitude remontait à 18 siècles de se reposer le dimanche, que le contrôle serait très simple, les inspecteurs ayant affirmé qu'il était actuellement très facile de surveiller l'ensemble des ateliers, mais que, si le jour de repos hebdomadaire n'était pas fixé obligatoirement le dimanche, les difficultés de surveillance seraient infiniment plus grandes. Il faisait ressortir, comme M. de Mun, les contradictions de la Commission : « Le repos sera obligatoire le lundi de Pâques et le lundi de la Pentecôte, mais il ne le sera pas le jour de Pâques et le jour de la Pentecôte, parce que Pâques et la Pentecôte sont des dimanches et qu'il faut bien prendre garde de mettre dans la loi quelque chose qui ressemblerait à l'obligation du repos du dimanche. »

Tous ces amendements succombèrent devant la même objection… Rétablir officiellement le dimanche comme jour de repos, ce serait « un retour sur la loi de 1880, qui a été un des derniers actes de l'émancipation de la société civile ».

Le repos fut donc hebdomadaire, mais le travail des femmes fut réglementé et le respect de la loi fut assuré d'une manière plus efficace. Un député à la Chambre, le 19 décembre 1891, M. Balsan, comprit très bien la portée de la loi. « Vous voulez arriver par la petite porte à la réglementation pour les hommes. » Les autres dispositions principales de la loi peuvent ainsi se résumer : 1° elle énumère limitativement les établissements où elle doit s'appliquer : usines, manufactures, mines, minières et carrières, chantiers, ateliers et leurs dépendances de quelque nature que ce soit, publics ou privés, laïques ou religieux, même lorsque ces établissements ont un caractère d'enseignement professionnel ou de bienfaisance. Elle ne s'applique donc pas, tout en restant dans le domaine industriel, par exemple, à l'industrie des transports, au travail effectué dans les ateliers de famille, c'est-à-dire ceux où ne sont employés que les membres de la famille sous l'autorité, soit du père, soit de la mère, soit du tuteur, ni aux travaux de l'agriculture.

2° L'âge minimum pour le travail des enfants est fixé à 13 ans, sauf pour ceux qui ont leur certificat d'aptitude physique délivré par un médecin ; pour ces der-

niers, le minimum est abaissé à 12 ans. Le maximum
des heures de travail est fixé à 10 ou à 11 heures, selon
qu'il s'agit de mineurs de 16 ans ou de femmes au-dessus de 18 ans et d'ouvriers et d'ouvrières de 16 à 18 ans.
Le travail de nuit est généralement interdit ainsi que
les travaux souterrains et dangereux pour les personnes
protégées.

3o L'obligation du repos hebdomadaire peut être
temporairement levée par l'inspecteur divisionnaire
pour certaines industries à désigner par un règlement
d'administration publique. Ce règlement a été rendu le
26 juillet 1895 dont voici l'article 5 :

« Les industries, pour lesquelles l'obligation du repos
hebdomadaire pourra être temporairement levée par
l'inspecteur divisionnaire pour les enfants âgés de moins
de 18 ans et les femmes de tout âge, sont les suivantes :
ameublement, tapisserie, passementerie pour meubles ;
bijouterie et joaillerie ; fabriques de biscuits employant
le beurre frais ; blanchisserie de linge fin ; briqueteries
en plein air ; brochage des imprimeries ; broderies et
passementeries pour confections ; fabriques de cartons
pour jouets, bonbons, cartes de visite, rubans : confection de chapeaux en toute manière pour hommes et
femmes ; confection de corsets ; confection de couture
pour femmes et enfants ; confection pour hommes ;
confection en fourrures ; conserve de fruits et confiserie ; corderies en plein air ; fabriques de couronnes fu-
néraires ; délainage des peaux de moutons : dorure

pour ameublement, encadrements ; extraction des parfums des fleurs ; fleurs et plumes ; imprimerie typographique, imprimerie lithographique ; imprimerie en taille douce ; articles de Paris ; transformation du papier, fabrication des enveloppes, cartonnage des cahiers d'école, des registres, des papiers fantaisie ; papiers de tentures ; reliures ; réparations urgentes de navires, de machines motrices ; teinture, apprêt, blanchiment, impression, gaufrage, moirage des étoffes ; tissages des étoffes destinées à l'habillement ; tulles, dentelles et laises de soie.

On peut remarquer qu'on a été prodigue des exceptions. Une lettre ministérielle du 18 octobre 1895 fait remarquer que ces tolérances ne doivent être accordées par l'inspecteur divisionnaire que lorsqu'il s'est assuré que les motifs invoqués par l'industriel sont suffisants et comme elles ne sont pas acquises de plein droit pour l'industrie, l'inspecteur peut toujours refuser de l'en laisser bénéficier si les résultats de son enquête ne lui paraissent pas concluants. Elle ajoute que c'est justement pour laisser à l'inspecteur une certaine latitude et lui permettre d'accorder des tolérances d'une durée en rapport avec les différents cas qui peuvent se présenter, que le décret du 26 juillet 1895 s'est abstenu de déterminer d'une façon quelconque une limite à ces autorisations temporaires.

4° Pour permettre un contrôle efficace, une affiche apposée dans les ateliers indiquera le jour adopté pour le repos hebdomadaire.

5° L'article 26 détermine les pénalités : « Les manufacturiers, directeurs ou gérants d'établissements visés dans la loi de 1892, qui auront contrevenu aux prescriptions de ladite loi et des règlements d'administration publique relatifs à son exécution, seront poursuivis devant le tribunal de simple police et passibles d'une amende de 5 à 15 francs. L'amende se cumule proportionnellement au nombre de personnes employées contrairement à la loi. La récidive dans les 12 mois, fait poursuivre le contrevenant devant le tribunal de police correctionnelle et punir d'une amende de 16 à 100 fr., peine dont le cumul est également admis (art. 27). Le texte voté est ainsi très loin de la proposition de M. Camélinat ; celui-ci demandait pour la première contravention une amende de 25 à 200 francs et un emprisonnement de 8 jours à un mois, ou l'une des deux peines seulement au gré du juge. En cas de récidive, il supprimait tout délai limitatif et proposait une amende de 50 à 500 francs et un emprisonnement de 8 jours à 6 mois. La Commission trouva qu'il était inutile de recourir à la prison et se contentait d'élever le maximum de l'amende à 1000 francs en cas de récidive et à 4000 francs la totalité des amendes.

Si nous consultons les rapports des inspecteurs du travail et la Commission du travail dans l'industrie, à partir de 1892, nous nous convaincrons que l'application en a été plutôt facile et que le dimanche a été presque invariablement le jour choisi (1). Le jour de repos hebdomadaire n'est plus déterminé par la loi, mais dans la pratique il est presque universellement fixé au dimanche. En général le repos hebdomadaire est régulièrement observé. La plupart des contraventions relevées ne visent que l'affichage dans les ateliers, du jour choisi pour le repos, affichage que la plupart des industriels avaient négligé de faire avant la visite de l'inspecteur.

Le jour choisi pour le repos hebdomadaire, dit le deuxième rapport, est presque universellement le dimanche (2). Quelques maisons israélites ont adopté le samedi. Il n'y a d'exceptions que dans les industries pour lesquelles le dimanche est un jour de grande besogne. En ce qui concerne le repos hebdomadaire et les jours fériés, on a relevé 515 contraventions ; les industries où elles ont été relevées précédemment (433 sur 515) sont celles des blanchisseuses, des brocheurs, des couturières, des confiseurs, des fabricants d'enveloppes, des imprimeurs, des modistes, des relieurs, des tisseurs et moulineurs de soie, des tuileries.

Dans son troisième rapport (3), cette même commission fait les mêmes constatations : une amélioration même est signalée ; il est difficile de déjouer la fraude

____

(1) Rapport de la Commission supérieure du travail pour 1893.
(2) Rapport de la Commission supérieure de l'industrie pour l'année 1894.
(3) Rapport pour l'année 1895.

avec le système de roulement qui permet de donner aux personnes protégées un jour de repos par semaine. Les contraventions ont été plus nombreuses que l'année précédente, 1793 au lieu de 515.

Le jour choisi pour le repos hebdomadaire est le dimanche, dit le quatrième rapport, c'est-à-dire celui de 1896, il y a progrès dans la façon dont l'article 5 de la loi est observé. Les infractions se produisent principalement dans les petits ateliers où les apprentis continuent plus ou moins à venir faire le rangement ou le nettoyage le dimanche matin. Il arrive ainsi que le système d'alternances des postes n'est pas toujours organisé de façon à donner une satisfaction rigoureuse aux préceptes de la loi et que des enfants n'ont pas très régulièrement leur jour de repos hebdomadaire complet, après 6 jours de travail consécutifs. En temps de grande activité, le chômage n'est pas toujours observé. Parmi les usines métallurgiques, il y en a qui arrêtent tous les quinze jours pendant deux ou trois jours et qui profitent de cette interruption pour laisser reposer les enfants. Cette façon de procéder n'est peut-être pas conforme au texte de la loi, mais on objecte que, des deux jours de repos accordés aux enfants, l'un concerne la semaine passée, l'autre la semaine à venir et que dans deux semaines il n'y a en fait que 11 à 12 jours de travail. Dans certaines usines à feu continu où le travail est fait par trois équipes, le repos pour chacune de ces équipes commence à des heures différentes, et ne peut comprendre une journée pleine, de minuit à minuit.

Le rapport de 1897 constate que l'observation de la
loi laisse à désirer dans les petits ateliers ; de même
dans les usines à feu continu qui ne chôment pas un
jour par semaine, parce qu'à la faveur des roulements,
les contraventions peuvent être dissimulées.

L'observation du repos hebdomadaire et des jours
fériés a motivé, en 1896, 2503 contraventions au lieu
de 1793 en 1895, soit une majoration de 39, 5 0/0. Cette
majoration de contraventions, les prescriptions de lois
nouvelles, les discussions à la Chambre en particulier
sur le repos des employés de l'Exposition témoignent
bien que la loi de 1892 n'est heureusement pas définitive.

La Commission du travail, de la Chambre, dans l'intervalle pendant lequel dura la discussion de la loi de
1892, fut saisie de propositions par MM. de Mun, Pié-
rard, Ferroul, qui réclamaient la réglementation du
travail des hommes adultes. La Commission refusa,
dans la séance du 5 juillet 1890, d'adjoindre ces propositions à la discussion du projet étudié et voté à la
Chambre et au Sénat.

Au début de la séance du 17 mars 1896, M. de Baudry d'Asson déposa la proposition suivante :

Article 1ᵉʳ. — Le travail du dimanche est absolument
interdit en France.

Article 2. — Tout Français qui dérogera à la présente
loi sera passible d'une amende de 100 à 1000 francs.
C'était aller vite en besogne.

Mais dans la même séance on vota, sur la proposition
de M. Vaillant, un jour de repos par semaine pour les
ouvriers employés à la préparation de l'Exposition de
1900. L'addition proposé par MM. de Bernis, du Bodan,
de Baudry d'Asson, en vertu de laquelle ce repos aurait
lieu le dimanche, fut rejetée pour des raisons très diverses.

M. Marcel Habert s'opposa à l'amendement en raison
de la nature des travaux de l'Exposition qui exigeaient
la continuité, et de l'impossibilité de l'appliquer avec
le système des équipes alternées. « Mais il s'agit de dé-
cider qu'un jour par semaine tous les ouvriers cesse-
raient ensemble le travail, je serais de l'avis de M. de
Bernis, si l'on est forcé de fixer un jour de la semaine
pour organiser le repos hebdomadaire ; comme catholique je préfère que ce jour soit le dimanche. »

En juillet 1896 fut présentée la proposition de M. Denys Cochin sur le même objet et en 1897 celle M. l'abbé
Lemire dans la séance du 11 décembre 1897. MM. Vi-
viani et Desforges se plaignirent de ce que les ouvriers
de l'Exposition ne jouissaient pas du jour de repos par
semaine que leur accordait la loi du 13 juin 1896. Le
ministre du commerce répondit qu'il ne pouvait exiger
l'application de la loi « parce que la Chambre n'a pas
voulu fixer un jour où ce repos hebdomadaire s'exer-
çât obligatoirement. Nous ne pouvons faire respecter,
par les entrepreneurs, le désir exprimé par l'ouvrier de
se reposer un jour par semaine ». M. l'abbé Lemire

rappelle que les ouvriers du bâtiment avaient envoyé aux architectes une pétition tendant à obtenir que le jour du repos soit fixé pour tous au même jour. Le roulement ne peut aboutir au repos hebdomadaire car les chefs d'ateliers, les systèmes de direction des travaux doivent toujours rester les mêmes : « Il n'est pas plus possible de procéder par roulement dans les travaux du bâtiment que de changer toutes les semaines de sous-officiers pour les soldats. Les chefs d'ateliers et les ouvriers font un même corps, ils ont besoin de rester ensemble. Voilà pourquoi le roulement n'est pas possible dans les travaux du bâtiment, charpente, menuiserie, maçonnerie, etc. »

« Il est nécessaire de fixer le jour de repos uniforme, le motif religieux serait une cause de division, le point de vue démocratique doit rallier toutes les bonnes volontés. »

A la suite de cette séance du 11 décembre 1897, M. l'abbé Lemire déposa une proposition de loi qui fut renvoyée à la Commission du travail ; article unique :

« Le repos hebdomadaire exigé par la loi du 13 juin 1896 pour les travaux de l'Exposition est fixé au jour déterminé par la loi pour les travaux et services publics. »

Ces dernières discussions ont mis en relief les seules difficultés de la réglementation nouvelle ; elles ne sont pas si graves qu'elles puissent être un empêchement absolu à l'action du législateur. Si l'un des orateurs de

1840 à la Chambre des députés pouvait revivre et reprendre part aux débats, il répéterait (1) : « Cette loi
sans doute a ses difficultés : mais où est donc aujour-
d'hui la loi facile, en présence d'intérêts si vifs sur tout
ce qui les touche, si extrêmes dans leurs exigences et
dont la plainte est si retentissante ? Pourquoi d'ailleurs
notre France aurait-elle le triste privilège de reculer
toujours devant des difficultés qui n'ont pas effrayé le
reste de l'Europe ? Quoi ! ce qu'a osé, sur la question du
travail des enfants, l'Angleterre, cette immense manufacture, ce qu'ont osé la Prusse et l'Autriche, ces mo-
narchies prudentes qu'on n'accusera pas d'un goût
excessif pour les innovations, la France ne l'oserait
pas ? Une de nos gloires aussi jusqu'à présent, c'était de
marcher les premiers dans les voies d'une civilisation.
généreuse. Ce premier rang ne nous a pas été laissé :
ayons au moins le mérite modeste de suivre les autres
peuples, alors qu'ils nous ont donné l'exemple d'une
œuvre d'humanité et de bonne politique..... »

(1) Corne, *Moniteur officiel*, p. 2486.

CHAPITRE VI

Une grande objection que l'on fait à l'intervention de l'État dans la question de la réglementation du repos du dimanche consiste à dire que l'on va forcer les mœurs, faire accepter une coutume qui n'est pas encore passée dans les usages : ce serait là, dit-on, le meilleur moyen à employer pour faire reculer le succès d'une si bonne cause.

Nous avons déjà montré l'inanité d'un pareil raisonnement: légiférer, quand on aura cessé de mal faire, ne serait-ce pas donner des coups d'épée dans l'eau ? Seulement, il est évident qu'au point de vue pratique, pour celui qui cherche à se concilier les voix de nos législateurs, si l'on peut prouver que les mœurs ont une tendance à accepter le repos du dimanche, que les divers groupes de la société le demandent avec instance, il serait difficile de trouver des contradicteurs sérieux.

Demande-t-on en France le repos du dimanche ? N'est-ce point là un idéal rêvé par quelques philanthropes dont les idées sont trop élevées pour être mises en pratique ici-bas ? Nullement, on en voit la preuve en recherchant si des comités, des congrès, des assemblées, ont fait des vœux pour le repos du dimanche et si leur propagande a bien réussi. On se bornera à ce qui s'est fait depuis 1889.

A l'Exposition universelle de 1889 un congrès international se réunit pour étudier le repos hebdomadaire au point de vue hygiénique et social. Les organisateurs avaient même demandé qu'on intitulât ce congrès : Du repos du dimanche. Mais on considéra à cette époque l'idée comme trop avancée et comme ne correspondant pas à l'état de mœurs général. Le Congrès eut lieu du 24 au 27 septembre et il semble que c'est depuis ce moment-là que l'idée du repos du dimanche s'est vulgarisée dans notre pays. On avait démontré qu'en dehors des idées religieuses, on pouvait demander le repos du dimanche pour des raisons d'hygiène et de justice sociale, on avait démontré que, malgré toutes les difficultés opposées, certains industriels avaient pu accorder à leurs ouvriers ce repos désiré dans des industries où ce repos avait semblé jusque-là incompatible avec le genre de travail. C'est à la suite de ce congrès que naquit la ligue populaire pour le repos du dimanche.

L'année suivante, le Congrès de Berlin, auquel le gouvernement français était représenté, adoptait les vœux suivants : il est désirable, sauf les exceptions et les délais nécessaires dans chaque pays : 1° qu'un jour de repos par semaine soit assuré aux personnes protégées ; 2° qu'un jour de repos soit assuré à tous les ouvriers de l'industrie ; 3° que ce jour de repos soit fixé au dimanche pour les personnes protégées ; 4° que ce jour de repos soit fixé au dimanche pour tous les ouvriers de l'industrie. Le Congrès mettait ses vœux dans un ordre hiérarchique, dans l'ordre de nécessité et d'urgence. Des exceptions sont admissibles : 1° à l'égard des exploitations qui exigent la continuité de la production pour des raisons techniques ou qui fournissent au public des objets de première nécessité, dont la fabrication doit être quotidienne ; 2° à l'égard des exploitations qui, par leur nature, ne peuvent fonctionner que dans des saisons déterminées ou qui dépendent de l'action irrégulière des forces naturelles. Il est désirable que, même dans des établissements de cette catégorie, chaque ouvrier ait un dimanche libre sur deux. On voit que les desiderata du Congrès ont été réalisés dans plusieurs pays ; mais, en France, nous n'en sommes pas encore là et c'est pourtant là le minimum de ce qu'on peut demander au nom du repos dominical. Enfin le Congrès ajoutait et, sur ce point, il n'a pas encore été écouté : Dans le but de déterminer les exceptions à des points de vue similaires, il est désirable que leur réglementation soit établie par suite d'une entente entre les différents gouvernements.

Depuis cette époque la question est devenue à l'ordre du jour : le 8 septembre 1790, le congrès des œuvres sociales se réunissait à Liège et votait, entre autres vœux, celui-ci : que la loi qui établit pour les ouvriers

de la grande industrie un jour de repos par semaine
fixe ce jour au dimanche, et que les heures de travail
soient diminuées le samedi…, l'arrêt du samedi étant
la seule garantie du repos dominical complet. En 1891,
le Congrès des architectes français décide d'étudier avec
soin la suppression du travail du dimanche, « attenta-
toire à la liberté, à la santé, au bien moral et matériel
de ceux que l'on y astreint ». En 1892, un congrès dit
« Congrès national du repos du dimanche » se réunit
à Paris les 10 et 11 février. Ce fut un succédané du
grand congrès de 1889. Une série de conférences furent faites sur les bienfaits du repos dominical, des
monographies locales présentées par divers congressis-
tes, enfin l'état de la question dans les diverses industries y fut étudié. Le 6ᵉ Congrès national des employés
de chemins de fer faisait des vœux pour le repos du dimanche dans sa réunion tenue le 27 avril 1895. La
même année se réunissaient le Congrès ouvrier de l'u-
nion démocratique du Nord, à Lille et le Congrès ouvrier chrétien, à Paris, et votaient tous deux le principe
de l'interdiction légale du travail du dimanche. En février 1896, le groupe d'études sociales de Tours demandait que la loi fixât le repos au dimanche. En mai,
le Congrès ouvrier de la démocratie chrétienne, réuni à
Reims, adoptait dans son programme le repos du dimanche obligatoire.

Mais avant de parler des derniers Congrès qui ont eu
un si grand retentissement, cherchons si des assemblées

qui représentent assez l'opinion publique, puisqu'ils représentent celle de leurs électeurs, ou composées de ces électeurs eux-mêmes, n'ont pas à leur tour voté des adresses au pouvoir central ou pris des décisions en faveur de ce repos. Au moment de l'élaboration de la loi de 1892, le conseil général de la Vendée, dans sa séance du 24 août 1891 adoptait le vœu suivant :... « Considérant qu'on ne saurait laisser à l'arbitraire du patron le choix du jour consacré au repos hebdomadaire,... qu'en effet, si des jours différents étaient assignés aux membres d'une même famille, ils ne pourraient réussir à se rencontrer et que le lien existant entre eux serait bientôt rompu :... Considérant d'ailleurs que si le peuple français était consulté, une immense majorité demanderait que le jour consacré au repos fût fixé au dimanche » ; émettait le vœu que la loi interdît le travail des enfants et des femmes le dimanche. De même le conseil général de l'Aveyron émettait le vœu que le dimanche soit fixé comme jour de repos dans la loi relative au travail des femmes et des enfants. Le 18 juin 1891, les comités de la ligue populaire pour le repos du dimanche adressèrent une pétition au Sénat « pour que dans l'article 5 du projet de loi sur la réglementation du travail des enfants, des filles mineures et des femmes, le jour du repos hebdomadaire soit fixé au dimanche ». La pétition fait à juste titre remarquer que les inspecteurs du travail sont unanimes sur les bienfaits de la loi de 1874. « La mesure du repos hebdomadaire substitué au dimanche, dit l'un d'eux, ne modifierait pas les usages existants, mais elle rendrait, à notre avis, la surveillance presque impossible. Les conséquences de la loi actuelle, dit un autre, sont des plus favorables au point de vue de la famille, et au point de vue social. Il importe que ce jour de repos soit le même pour tous. » Cette pétition fut présentée au Sénat par M. Bérenger : M. Chesnelong s'en servit pour appuyer son amendement. A propos de la discussion du budget à la Chambre des députés dans la séance du 9 février 1875, MM. Guesde, Chauvin, Carnaud et Jourde proposaient une disposition additionnelle ainsi conçue : « La Chambre invite l'Administration des postes à assurer à tous les sous-agents une demi-journée de repos hebdomadaire en supprimant, le dimanche, les distributions de l'après-midi ». Quoiqu'en dehors de notre sujet, puisqu'il s'agit d'un service public, ce vote est un fait en faveur de l'idée du dimanche. Nous pourrions aussi citer des faits dans le même genre dans les assemblées générales des Compagnies de chemins de fer. Mais c'est surtout dans le commerce que les manifestations ne se comptent plus et c'est pourtant là que le repos du dimanche touche de plus près au public et par là aux mœurs générales du pays. Le bulletin de la Ligue populaire enregistre les principales parmi les réclamations des employés de commerce : et elles sont nombreuses.

L'année 1897 a vu se réunir à Bruxelles le Congrès international pour le repos du dimanche, et le Congrès international de législation ouvrière, à Zurich le Congrès international pour la protection ouvrière. Tous trois ont conclu à la nécessité d'une loi pour interdire le travail du dimanche. Le Congrès de Zurich est particulièrement à remarquer. Après un remarquable rapport de l'abbé Beck, le Congrès a adopté les résolutions suivantes : « Le Congrès international pour la protection ouvrière, demande : 1° L'interdiction du travail du dimanche, sous sanction pénale efficace, pour toutes les catégories du travail salarié ; — 2° Des dérogations à cette règle ne seront admises que lorsqu'elles sont destinées à assurer la reprise complète de l'exploitation le lundi ou lorsque des considérations techniques s'opposent à ce que les opérations nécessaires à la production soient interrompues. Elles ne devront en aucun cas avoir pour but de combler un déficit de production occasionné par le repos du dimanche ; — 3° Les dérogations à l'interdiction du travail du dimanche ne seront pas laissées à l'arbitraire discrétionnaire d'autorités et de fonctionnaires, mais elles devront être clairement précisées dans le texte même de la loi ; — 4° Les ouvriers et employés qui travaillent le dimanche à la suite d'exceptions autorisées doivent obtenir chaque deuxième dimanche libre et, pour le jour de repos qui leur a manqué, un jour de repos dans la semaine ; — 5° Sous la désignation du repos du dimanche, on entend un repos ininterrompu d'au moins 36 heures. Sur la question spéciale du travail des femmes, le Congrès demandait que ce travail cessât le samedi à midi, de telle sorte qu'un repos ininterrompu de 42 heures au moins leur fût assuré jusqu'au lundi matin. » — Le Congrès de Zurich a eu un grand retentissement dans le monde et a prouvé une fois de plus combien le repos du dimanche faisait l'objet d'ardents désirs de la part des ouvriers auxquels pourtant certains prêtent encore aujourd'hui des intentions opposées.

Le repos du dimanche est donc ardemment désiré, beaucoup estiment qu'une loi est nécessaire pour que les ouvriers puissent en jouir, nous venons de le voir. Mais, en dehors de la question de savoir si l'État doit intervenir ou non, plusieurs sociétés se sont fondées en France pour répandre la bonne parole. Il s'agit de modifier des dispositions fâcheuses de nos mœurs, car en général, si le repos du dimanche n'est pas respecté de tous, c'est pour des raisons peu sérieuses et mal comprises, dont une propagande active doit essayer de venir à bout. Chacun veut gagner le plus possible et pour cela ne pas se laisser abattre par la concurrence. Si mon voisin travaille le dimanche, je suis perdu, pense un industriel et il est à peu près certain que le voisin pense de même. Ou bien encore on continue une habitude, une routine, parce que l'idée même d'opérer un changement ne se présente pas à l'esprit : les mœurs, au fond, ne sont-elles pas, pour une large part, le résultat de la routine ?

C'est ce qu'ont pensé plusieurs personnes qui, dans le but de remédier à cet état de choses se sont réunies et ont fondé des sociétés : la plupart se sont basées sur l'intérêt de la religion. Citons, entre autres, l'OEuvre dominicale de France, fondée par le comte de Cissey, et dont le siège est à Lyon ; l'Association pour l'observation du repos du dimanche, récemment rattachée au Comité catholique de la rue de Grenelle à Paris et qui est devenue l'Association pour le repos et la sanctification du dimanche ; l'Association des propriétaires chrétiens, fondée par le comte Yvert ; l'Association française (protestante) pour l'observation du dimanche ; la Ligue populaire pour le repos du dimanche fondée à la suite du Congrès international de 1889. Cette ligue, tout en tenant compte, mais subsidiairement, des exigences de culte de la religion chrétienne, a tenu à se placer en dehors de toutes croyances. Elle pense avec Léon Say et Jules Simon, ses premiers présidents, qu'il ne faut pas s'adresser à la loi pour établir le repos dominical mais tâcher de réformer les mœurs en ce sens. Elle a fait beaucoup pour cette cause et c'est aujourd'hui une société florissante. A son appel des Comités régionaux ont été fondés dans toute la France ; depuis le Comité de Marseille fondé en 1890, quatorze comités se sont formés à Tours, Nancy, Rouen, Orléans, etc. ; dix-neuf groupes régionaux s'occupent à une propagande active en faveur de cette cause.

Ce fait prouve combien le repos du dimanche préoccupe l'opinion publique. Comment les mœurs ont-elles été modifiées dans ce sens sous l'influence de ces idées, soit que l'on s'abstienne plus qu'autrefois de travailler le dimanche soit que des manifestations aient lieu en faveur du repos de ce jour ?

Une des industries les plus réfractaires au repos du dimanche est sans contredit celle de la verrerie : nous avons indiqué plus haut quelles sont les raisons qui militent en faveur du travail continu dans ces usines. Cependant plusieurs verriers ont tenu à prouver qu'il suffit de vouloir pour pouvoir, ici comme dans bien d'autres matières ; parmi eux il nous faut citer en première ligne, la Société de la Cristallerie de Baccarat, où le repos du dimanche est pratiqué d'une façon aussi absolue que possible ; il ne reste à l'atelier que les hommes chargés de l'entretien des feux : la Société prouve ainsi que le repos dominical n'exige pas autre chose que l'entretien des feux en l'absence des ouvriers. Chôment également le dimanche, les verreries d'Aniche, de Blanc-Misseron et de Bagneaux, du moins pour certains travaux.

Dans l'industrie métallurgique, Anzin, Denain, les aciéries du Nord et de l'Est, les hauts-fourneaux du Nord donnent à leurs ouvriers un repos réglé du samedi à 6 heures du soir au lundi à 6 heures du matin : le repos du dimanche est également de règle dans l'usine du Closmortier de M. Lemut. Dans les forges et hauts-fourneaux de MM. Sépulchre et Cie près de Maubeuge, on est arrivé à donner un repos de 36 heures le dimanche aux ouvriers occupés aux laminoirs (sauf pour quelques-uns chargés des réparations urgentes ;

dans les hauts-fourneaux les ouvriers ont un dimanche libre sur deux. De même les forges des Compagnies de Châtillon et Commentry, ainsi que celles de Commentry-Fourchambault chôment le dimanche, sauf dans les hauts-fourneaux et les aciéries ; il en est de même dans les forges de la Loire, à Rive-de-Gier, à Saint-Chamond, etc.

Ces diverses industries montrent par leur existence même et leur prospérité que l'on peut accommoder le repos du dimanche avec la continuité des feux. Quoique ce soient là des tentatives isolées, il suffit d'avoir prouvé le fait : aussi une loi interdisant le travail du dimanche ne ruinera-t-elle pas inévitablement nos industries comme tant se plaisent à le dire et répéter.

En résumé, nous venons de voir que l'état des mœurs en France n'est pas si contraire qu'on veut bien le dire à l'interdiction, par une loi, du travail industriel le dimanche. Mais puisque les mœurs ne sont pas contraires au repos dominical, faut-il pour cela s'en rapporter à elles pour opérer la réforme ? Nous ne le croyons pas. On peut songer, en effet, à des ententes entre commerçants de détail, qui habitent la même ville, une même région : ils peuvent se surveiller entre eux, ils se connaissent tous. Est-ce là le cas de l'industrie ? En aucune façon. La concurrence s'étend sur tout le territoire et pour beaucoup de fabrications à l'étranger. Une loi s'impose : il nous suffisait d'avoir prouvé qu'elle trouverait à s'appliquer en France et qu'elle ne serait pas, dès sa naissance, battue en brèche par des adversaires irréconciliables : c'est une réforme attendue de la sagesse du législateur par beaucoup d'industriels et presque tous leurs ouvriers.

TROISIÈME PARTIE

COMMENT L'ÉTAT DOIT-IL INTERVENIR ?

L'État doit et peut réglementer le repos de l'ouvrier :
comment le fera-t-il ? Quelles sont les prescriptions
qu'il ordonnera pour assurer le repos de la manière la
plus satisfaisante pour tous ? Il s'agit maintenant d'entrer dans le détail de la réglementation et de justifier
chaque élément de la loi à venir : la raison, les exigences de l'économie politique, les lois étrangères nous
serviront de guide, pour déterminer la nature de chaque
prescription. Sur la question, les renseignements sont
assez nombreux et assez précis, pour qu'il soit possible
dès maintenant de fixer la sphère d'application de la
loi, c'est-à-dire les industries pour lesquelles il y a lieu
d'établir des exceptions.

CHAPITRE PREMIER

Quand elle s'occupe de la réglementation du repos, la loi ordonne qu'il sera hebdomadaire soit en France soit à l'étranger ; le premier problème qui se pose est celui de savoir si le jour doit être hebdomadaire, c'est-à-dire revenir un jour sur 7 et non un sur 8, un sur 10. Bien que les législateurs ne se soient pas préoccupés de la démonstration de ce premier caractère et qu'ils l'aient accepté comme une vérité évidente et de sens commun, il y a cependant lieu de voir si l'on ne pourrait déduire la périodicité hebdomadaire de principes scientifiques.

Le Dr Hægeler, de Bâle, au Congrès international de 1889 pour le repos hebdomadaire, a essayé de démontrer que l'homme est organisé de telle manière qu'il a besoin de se reposer un jour sur sept de son travail. Pour lui ce serait une loi naturelle qui ne pourrait être violée sans préjudice pour la santé et qui serait confirmée par l'observation physiologique et par l'expérience pathologique. D'abord, le repos ordinaire dans le courant de la journée de travail et pendant le sommeil ne suffit pas pour le rétablissement des forces. Un ouvrier enfermé dans une chambre de verre dont l'air était ana-

lysé avant et après l'expérience, tournait une roue
autour de laquelle s'enroulait une chaîne supportant
un poids de vingt-cinq kilogr. pendant neuf heures par
jour. L'ouvrier était pesé à l'entrée et à la sortie, ses
aliments étaient chimiquement analysés. « Eh bien ! le
résultat de cette expérience a été que, pendant une
journée de travail, cet homme a dépensé, sous forme
d'acide carbonique, 192 grammes d'oxygène de plus
qu'il n'a pu en aspirer dans le même espace de temps.
Pour couvrir ce déficit il n'avait pas fallu moins de vingt
pour cent de la provision d'oxygène contenu dans son
corps. » Or le repos épargne notre dépense de carbone
et nous permet d'amasser une provision d'oxygène : il
est donc comme une sorte de nourriture indispensable :
« Même dans cette provision d'oxygène, due au repos
de la nuit, il se produit après chaque jour de travail un
déficit qui, suivant l'intensité du travail, la nourriture
et l'état des muscles et des forces, s'élève, d'après les
expériences de MM. Pettenkofer et Voit de 10 à 20 0/0
de notre provision entière d'oxygène. Au bout d'une
semaine, il en résulte un épuisement complet, l'appau-
vrissement du sang, le relâchement des muscles et la
fatigue du système nerveux. Pour empêcher ce déficit
et prévenir la ruine de la santé, il faut le repos hebdomadaire, régulier et complet (1) ». Rien ne peut remplacer le repos, car seul il renouvelle la provision d'oxy-

(1) *Rapport sur le Congrès international de 1889*, page 25.

gène, tandis que la nourriture ne nous fournit que l'azote et le carbone. Flourens estimait à cent ans la durée normale de la vie d'un homme qui se reposerait justement ; le Docteur américain Mussey « se fondant sur beaucoup d'observations est arrivé à la certitude que le repos d'un jour sur sept augmente de 7 années la durée d'une vie de 50 ans ». Proudhon était parvenu scientifiquement aux mêmes conclusions.

Cette démonstration serait excellente pour notre thèse, mais malheureusement elle est très discutable, et il vaut encore mieux que nous y renoncions, car il est toujours dangereux de vouloir trop prouver. D'une manière générale des expériences de laboratoire ne prouvent guère que pour les sujets spéciaux et pour les conditions spéciales dans lesquelles elles ont été faites. Les variétés individuelles sont multipliées à l'infini et cela pour de nombreuses raisons : le repos du 7e jour ne peut être qu'une bonne moyenne comme l'a soutenu le docteur Neumann dans son rapport au Congrès national du repos du dimanche de 1892 (1). « Il est difficile en se basant uniquement sur les données de la physiologie, d'établir une règle, une forme de repos, qui, scientifiquement parlant, soit applicable à toutes les professions et il est impossible de démontrer expérimentalement que l'arrêt du travail doive précisément coïncider avec le 7e jour. Mais ce qu'il importe de pro-

(1) Page 17.

clamer hautement, c'est la nécessité de cette trêve périodique et tous les médecins doivent reconnaître qu'un jour de repos sur sept peut être regardé comme une bonne moyenne, répondant bien aux exigences de l'hygiène, d'autant plus acceptable, qu'elle cadre avec nos habitudes sociales et qu'elle a pour elle une ancienneté séculaire ». Il est en effet plus simple de s'en rapporter à ce proverbe : « qui veut voyager loin ménage sa monture ».

Tous les hommes en effet ne sont, ni également forts ni également endurants ; le même travail, qui n'épuisera pas les forces de l'un, dépassera beaucoup celles de l'autre : il faut attribuer cette inégalité d'ailleurs, non seulement à la structure physiologique de chacun, mais à la différence d'entraînement, d'habileté et d'intelligence, en ce sens que les uns font un emploi judicieux et réglé de leurs forces que les autres ne savent pas faire. De plus tous ne travaillent pas un même nombre d'heures, ni à un travail qui requiert une même dépense de forces, le couvreur, gêné dans ses mouvements et surveillant ses moindres démarches se fatigue plus vite que le tailleur assis sur sa table, et un fardeau de 100 kilogrammes d'un fort de la Halle exige plus de dépense de forces que le transport d'un petit paquet ou d'une lettre par un commissionnaire. Il y a des travaux moins fatigants parce qu'ils sont plus variés et moins monotones, plus grossiers et moins minutieux, etc.... Le travail est encore plus ou moins fatigant selon les conditions dans lesquelles il est fourni : si, par exemple, on s'est jusqu'ici refusé à réglementer le travail agricole c'est surtout parce qu'il a lieu au grand air dans d'excellentes conditions hygiéniques : le travail dans une usine mal aménagée épuise plus vite l'ouvrier que dans une usine modèle ; la loi interdit certains travaux aux enfants et aux femmes, parce qu'ils sont souterrains, plus fatigants et plus dangereux. Qui soutiendrait qu'un mineur peut travailler aussi longtemps qu'un menuisier ou qu'un serrurier ?

Ces considérations mises à part, il faudrait encore renoncer à la démonstration scientifique : car font défaut les instruments précis, qui pourraient mesurer les forces de l'homme : très probablement, la dépense d'oxygène ou l'amaigrissement ne sont que des caractères accessoires, significatifs de la déperdition des forces, mais ils n'en sont pas l'essence : celle-ci échappera longtemps, peut-être toujours, aux savants, car l'organisme ne laisse pas pénétrer ses secrets et la fatigue est peut-être plus dans une désorganisation ou dans une modification de la matière nerveuse, modification invisible absolument, que dans les signes extérieurs, comme la maigreur et la production d'acide carbonique.

Est-ce à dire que le repos hebdomadaire se présente sans sa justification ? Non, seulement il repose sur des arguments, en apparence moins rigoureux, empruntés non plus à la science, mais au sens commun. Que

sont les vérités de sens commun ? Elles ne sont pas dé-
montrées, sans doute ; mais enfin l'homme ne peut
tout démontrer et il faut bien admettre que certaines
inspirations de la nature sont plus raisonnables que
beaucoup de systèmes scientifiques. Ses inspirations
peuvent d'autant mieux servir de preuves qu'elles se
retrouvent chez tous les hommes et qu'elles sont la
voix de la nature elle-même. La tradition transmet les
vérités de sens commun parce qu'elles ne manquent
pas de raisons et qu'elles sont exigées par la nature des
choses. Or, sur le point particulier du repos, la tradition de toutes les nations concorde à peu près. Le repos du septième jour existait même avant Moïse (1).
On trouve dans l'Yking, livre sacré, antérieur à Confu-
cius, qui vivait 550 ans avant J.-Ch., cette loi : « Vous
viendrez honorer de sept jours en sept jours le Tien ».
Aristobule, philosophe péripatéticien, cite plusieurs
passages de divers auteurs, notamment d'Hésiode et
d'Homère, qui signalaient ce jour comme saint par tout
l'univers. Les Indiens, les Perses, les Chaldéens, les
Egyptiens, les Péruviens l'avaient en vénération. Théo-
phile, évêque d'Autriche, écrivait dans le IIe siècle que
toutes les nations observaient ce jour-là comme les
Juifs. Et qu'on ne vienne pas dire que ce n'est là qu'une
vérité religieuse, car on se heurterait à cette constatation que les religions ont souvent sanctionné des règles

(1) Exode : chapitre 20, verset 11.

d'hygiène ou des habitudes que les peuples observaient instinctivement. La division en semaine a toujours survécu : ni la décade ni la quinzaine n'ont pu la faire oublier.

Il nous faut donc constater notre impuissance sur le terrain de la démonstration scientifique en remarquant toutefois que les lois s'inspirent bien plus des mœurs et des traditions, c'est-à-dire des faits de l'ordre moral que des faits de l'ordre scientifique : il était important pour nous de préciser notre impuissance et notre façon de démontrer la périodicité hebdomadaire du repos afin de ne donner comme raisons que des vérités évidentes et des arguments difficilement réfutables.

CHAPITRE II

DE LA RÉGULARITÉ DU REPOS

La nécessité du repos admise, les conditions dans lesquelles il doit avoir lieu en découlent facilement : pour être un repos, il doit être d'un jour entier non fractionné, fixé d'avance et le même pour tous les travailleurs.

En premier lieu, l'homme a besoin d'une interruption de travail d'un jour entier. Sans doute il y aura des patrons et des employés qui prétendront éviter le chômage d'une journée, que quelques heures régulières de repos, chaque jour, rempliraient tout aussi bien le but proposé. Cette objection a été soulevée déjà ; certaines lois fixent seulement un maximum d'heures de travail pendant une semaine, quelle qu'en soit d'ailleurs la répartition. Il est évident que de telles précautions législatives sont insuffisantes : car il s'agit de procurer à l'ouvrier le repos et non l'inactivité complète ou le moyen de perdre son temps, il est bon que le septième jour ait ses occupations comme les autres : or on sait par une expérience quotidienne, que quelques heures de liberté sont perdues, quand elles sont trop courtes pour exiger des occupations ; elles ne sont consacrées qu'à un supplément de sommeil ou de séjour à la table, au fumoir ou au café. Pour que des heures ne soient pas perdues, il faut que le loisir soit consacré à des occupations assez sérieuses, qui réclament une certaine durée, par exemple des réunions de familles, des lectures de conférences, des déplacements, il faut qu'il soit la dépense de forces pour un but sérieux moins la contrainte. Enfin il n'est facile de constater les délits qu'autant que le repos dure un jour entier ; car dans le cas contraire, le système d'équipe devient très complexe et difficile à contrôler.

Mais, dira-t-on, que le repos soit d'un jour entier, soit, mais ne le fixez pas d'avance et nécessairement à certains intervalles réguliers : que Pierre se repose le lundi et la semaine suivante le mardi ou le mercredi : les exigences du repos seront satisfaites et l'on évitera l'inconvénient d'une réglementation à jour fixe ; la loi ne doit pas multiplier inutilement les prohibitions, et les besoins de l'industrie sont mieux remplis si l'on admet l'irrégularité dans le chômage.

Cette observation n'est pas acceptable, car la régularité est une condition du repos, au même titre que la durée et la continuité des heures de loisir. En effet, si le repos est imposé, parce qu'il est un besoin de la na-

ture, c'est parce que ce besoin se fait sentir régulièrement : du lundi de cette semaine au vendredi de l'autre
par exemple, le besoin se sera fait sentir dans l'intervalle : le besoin n'attend pas la volonté de l'homme ou
le caprice du hasard pour se manifester. Poussons notre argumentation à l'extrême et supposons un patron
qui donnerait cinquante-deux jours de congé de suite à
ses ouvriers : dans ce cas, pourrait-on soutenir que les
exigences du repos seront satisfaites ? L'homme mange
à peu près 3 fois par jour à des intervalles moyens de
cinq heures ; lui conseillerait-on de ne manger que tous
les deux jours et en une fois la matière de 6 repas ?
L'homme a besoin de 8 heures de sommeil par jour :
pourra-t-il ne dormir que tous les trois jours, mais
pendant 24 heures de suite ? Le besoin de repos se présente dans les mêmes conditions que tous les autres besoins : à intervalles trop rapprochés, il serait trop faible
et le repos sans régularité serait un gâchis. « Dimi-
nuez la semaine d'un seul jour, le travail est insuffi-
sant comparativement au repos ; augmentez la de la
même quantité il devient excessif. Etablissez tous les
3 jours une demi-journée de relâche, vous multipliez
par le fractionnement la perte de temps et en scindant
l'unité naturelle du jour vous brisez l'équilibre numé-
rique des choses. Accordez au contraire 48 heures de
repos après 12 jours consécutifs de repos, vous tuez
l'homme par l'inaction après l'avoir épuisé par la fatigue. »

A un autre point de vue le repos doit être consacré à des occupations sérieuses : or qu'arriverait-il, si le patron, arbitrairement, pouvait fixer le temps de repos de ses ouvriers ? Ceux-ci ont besoin de prévoir l'emploi de leurs loisirs, de mettre d'accord bien des circonstances pour ces moments-là, de ménager des rendez-vous, etc. Le droit de fixer le jour de repos est exorbitant s'il est laissé au patron et non inscrit dans la loi. Même le patron pourra changer le jour, après l'avoir choisi. Le patron pourrait empêcher en particulier un chrétien de chômer un dimanche : la loi de 1892 l'autorise à commettre cet attentat à la conscience puisque le repos n'est qu'hebdomadaire, l'ouvrier devra donc chercher un atelier où l'on respecte le repos dominical, ou bien chômer le dimanche et encore le jour que le patron aura fixé, et s'il est entré dans un atelier, où l'on respectait le dimanche, faudra-t-il qu'il le quitte si le patron vient à fixer un autre jour de repos. « Je désire, disait Jules Simon au Sénat, le 16 juillet 1891, que la loi désigne le jour afin que l'ouvrier sache à quoi s'en tenir. Je veux qu'on ne donne au patron ni le droit de fixer le jour de repos, ni la faculté de le changer. Le patron a déjà une puissance assez étendue : l'ouvrier est très assujetti, je ne veux pas être responsable d'un nouvel assujettissement qu'on lui imposerait outre tous les autres. »

A un autre point de vue encore, le repos, pour être

tel, a besoin d'être prévu. L'homme ne vit pas seulement de l'instant présent : avant de travailler il a pensé
à son travail et s'est mis ainsi dans les meilleures conditions pour employer ses forces. De même, l'homme a
pensé à son repos, il en a joui d'avance, il l'a désiré,
espéré ; de même que la pensée du travail était déjà le
travail, de même la pensée du repos est déjà le repos ;
la régularité seule permet l'espérance et l'anticipation
du repos : que l'on suppose, pour mieux s'en convain-
cre, l'état d'âme d'un ouvrier qui ne saurait pas si jamais il se reposera, et à quel moment ! Une date prévue
permet de faire immédiatement sans perte de temps
ni d'intelligence, ce que l'on s'est proposé, aussi bien le
travail que le loisir.

On peut ajouter que la régularité est une condition
essentielle du repos, s'il est imposé au nom de la dignité humaine. Il y a une différence entre le congé que
l'on prend, parce qu'on sait qu'on a le droit de le prendre ou parce que la loi l'impose à tous les citoyens, et
celui que l'on reçoit par la grâce d'autrui. L'homme a
parfois besoin de se prouver à lui-même sa dignité, sa
personnalité et son indépendance : un repos de droit,
obligatoire il est vrai, est une excellente manière de
lui procurer l'occasion de se faire cette preuve et de le
soustraire aux décisions de la volonté des autres, en
lui faisant comprendre pour quelle raison une loi a été
établie.

Enfin si le jour du repos est régulier, le contrôle de l'observation de la loi sera facile ; qu'on se représente, au contraire, les difficultés qu'un inspecteur rencontrerait si le jour du repos variait avec les ouvriers et avec les circonstances ? Cette dernière considération est très importante au point de vue légal, toute loi devant d'abord être praticable.

CHAPITRE III

FIXATION D'UN MÊME JOUR DE REPOS.

Avançant dans notre démonstration nous soutiendrons maintenant que le jour de repos doit être non seulement régulier pour chacun, mais encore le même pour tous. En fait, il est le même pour tous et pourquoi? Pour des raisons qui découlent de la nature humaine qui, partant, chez tous se retrouve immuable. Si l'ouvrier qui travaille le dimanche ou un jour de fête, voit passer ses compagnons endimanchés, il dépose là les outils et les vêtements de travail, parce qu'il manque d'ardeur et qu'il sent plus vivement son esclavage. Jamais l'homme n'admettra qu'il soit soumis à un régime d'exception quand il s'agit de peine à supporter : toujours aussi l'exemple sera contagieux, surtout quand il s'agit de plaisirs à goûter. C'est en grande partie là que se trouve le secret de la tradition du dimanche : Des compagnons de misère et de travail veulent être, de par leur volonté, et tendent à être, de par un facteur social d'une haute importance, l'imitation des compagnons de repos et de plaisir.

Mais le fait, le droit et le devoir ne peuvent manquer de s'accorder pour la fixation du repos à un même jour.

D'abord le repos et le recueillement ne sont complets que si tout se repose et se recueille. On entend souvent parler des dimanches mornes d'Angleterre : mais on appelle mornes et tristes des rues où l'on sent l'apaisement de la fièvre des affaires : plaise à Dieu que la tristesse n'ait jamais d'autre visage ! Les Anglais n'ont pas l'air de s'en trouver bien malheureux ! Mais enfin, admettons que le recueillement absolu des Anglais ne convienne pas à notre tempérament, le repos en tout cas ne saurait nous déplaire. Le repos de tous est une marque de respect pour le repos de chacun. Le scandale est une faute qui tend peut-être chez nous à devenir trop fréquente et trop vénielle. Il y a cependant dans le respect pour les habitudes et pour les mœurs des autres, une politesse qui ne manque pas de justice et même de grandeur : c'est un devoir pour chacun de se plier aux convenances des autres et Descartes l'exprimait admirablement en se proposant de suivre, de préférence, les opinions et les coutumes de son pays.

Ensuite, l'esprit de famille, les besoins de la vie sociale, exigent que le jour de repos soit le même pour les travailleurs. L'esprit de famille est inné chez l'homme et il fait la base de la société : or il ne se développe que par la vie en famille et par des réunions assez fréquentes. Supposons que le jour de repos du père ne soit pas celui de la mère ou des enfants : il devient une charge pour les parents et un danger pour les enfants. Les devoirs moraux de la famille sont nombreux et leur satisfaction importe au premier chef. Protéger l'enfant et ne pas protéger la femme, c'était un non-sens que fit disparaître la loi de 1892. Le père a le devoir d'éducation envers ses enfants, d'après l'article 203 du Code civil ; quand le remplirait-il sinon les jours de repos ? Le père a le droit, qui est ici, en même temps, le devoir, de se reposer au milieu des siens et de goûter la joie d'avoir une famille, après avoir satisfait aux lourdes charges qu'elle lui impose : le bonheur de la famille est un droit, car chaque homme doit rechercher les joies qui élèvent son âme, la consolent et lui rendent le courage du dévouement. L'éducation vraie est faite de ces joies communes : c'est l'éducation familiale qui perpétue les traditions de la famille et qui à ce point de vue complète heureusement l'éducation impersonnelle des maîtres. L'éducation suppose les loisirs de l'éducateur ; si le père est harassé de fatigue, si surtout ses repos ne coïncident pas avec ceux des siens, il ne peut avoir grand goût à moraliser et à élever ses enfants. N'existerait-il donc pas pour nos semblables, le droit d'être de véritables parents ? Le tableau que Jules Simon a tracé dans la préface de l'*Ouvrière* est toujours vrai : « quand, à sept heures du soir, le père, la mère et les enfants se retrouvent dans l'unique chambre, qui leur sert d'asile, le père et la mère fatigués par le travail et les enfants par le vagabondage, qu'y a-t-il de prêt pour les recevoir ? La chambre a été vide toute la journée ; personne n'a vaqué aux soins les plus élémentaires de la propreté : le foyer est mort ; la mère épuisée n'a pas la force de préparer des aliments ; tous les vêtements tombent en lambeaux... Il ne faut pas trop s'étonner si le père, au sortir de l'atelier où sa fatigue est quelquefois extrême, rentre avec dégoût dans cette chambre étroite, malpropre, privée d'air où l'attendent un repas mal préparé, des enfants à demi-sauvages, une femme qui lui est devenue presque étrangère, puisqu'elle n'habite plus la maison et n'y rentre que pour prendre à la hâte un peu de repos entre deux journées de travail. » Le repos hebdomadaire, pour toute la famille, n'est sans doute pas la panacée universelle, mais la société a le devoir de rendre moins sombre les couleurs de ce tableau. M. Jules Simon dans un discours prononcé à la Ligue pour le repos du dimanche en prescrit le but, dans un tableau dont les couleurs contrastent avec celles du précédent : « Vous voulez rendre la femme à son mari, le mari à sa femme, la femme et le mari à leurs enfants, vous voulez refaire la famille, et, puisque vous voulez refaire la famille, il faut qu'il y ait un jour de repos qui soit le même pour tous. C'est le véritable jour de la fraternité, c'est le jour de l'amour. Je souhaite qu'il y ait dans toutes les chaumières, dans tous les greniers, dans tous les taudis, un jour béni qui sera le jour de s'aimer et de se secourir ; que tous les Français dans l'avenir se souviennent de ces premières joies de la vie et reportent sur d'autres la tendresse dont ils auront joui dans leur enfance (1). » Le repos hebdomadaire sans régularité ne satisfait pas les exigences de la vie de famille, il a suscité les plaintes des femmes des employés des chemins de fer suisses, qui passent leur jour de congé de la semaine dans les cabarets et y perdent leur argent (2).

Au point de vue social maintenant, des lois bienfaisantes ont permis aux ouvriers de se syndiquer, d'unir leur faiblesse, pour devenir des forces : que seront ces associations, si les associés n'ont pas le temps de se voir pour discuter leurs intérêts, si, comme on l'a constaté dans la grève des employés de la Compagnie parisienne des omnibus, ils ne disposent que d'une heure du matin jusqu'à 4 ou 5 heures du même matin ?

La vie morale est la vie en société, que cette société soit la famille, la corporation, la classe sociale, ou la Patrie, parce que vivre c'est surtout se dévouer et former un tout harmonieux, dans lequel les parties sont complaisantes pour la vie de l'ensemble.

La vie sociale est l'épanouissement de la nature humaine ; le plus haut degré de perfection, c'est le point où l'homme vit en communion morale avec les autres, c'est-à-dire se nourrit de leurs idées, s'émeut de leurs sentiments, devient eux-mêmes, tout en restant sa propre personne, en pétrissant son âme des vertus qui grandissent ses semblables. L'institution des jours de fêtes s'inspire de cette vérité : qu'on relise les pages de

(1) *Bulletin de la Ligue du dimanche*, 1896, page 252.
(2) *Bulletin*,1891, page 63.

Michelet, dans le Banquet : en un langage enthousiaste et presque mystique, il répète la belle parole de Périclès : « La patrie a institué des fêtes pour adoucir dans nos cœurs la mélancolie de l'existence », et il s'écrie : « le vrai soleil de l'homme est l'homme… viennent les grandes réunions fraternelles, les fêtes colossales de la nouvelle Fédération au Champ de Mars, aux amphithéâtres d'Arles, de Vérone délivrée ! Des fêtes, donnez-nous des fêtes, que le peuple y voie, écoute sa propre pensée, s'y nourrisse de sa jeune foi ! » Les dimanches ne doivent-ils pas être déjà ces jours de réunion sociale ?

Mais peut-être que toutes nos raisons paraîtront à certains économistes de purs sentiments et par suite sans valeur : qu'ils s'inclinent alors devant une raison, et devant des faits d'ordre économique.

Quand vient le jour du repos généralement admis, si le compagnon veut travailler, le manœuvre veut chômer, et voilà notre compagnon couvreur sur son toit, sans ardoises et sans plâtre, passant son temps sur l'échelle à la recherche des matériaux qui lui manquent : et au point de vue économique son temps sera-t-il bien employé ? Non, puisque la division du travail n'existe plus ; si le terrassier qui creuse l'égout tient à chômer, que fera le maçon qui derrière lui construit la voûte et le mur de soutènement ? Dans les grandes industries, où la même œuvre passe de main en main jusqu'à son complet achèvement, qu'arrivera-t-il s'il manque un anneau de la chaîne des travailleurs ? Si l'on impose à l'employeur l'obligation du repos hebdomadaire, dans son intérêt même, on doit fixer pour tous les employés le même jour de repos. En un mot, tous les corps de métier sont solidaires et, à part certaines industries qui, nécessairement, travaillent pour faciliter le repos des autres, tous ont besoin de chômer le même jour pour conserver le bénéfice de la division du travail, qui n'est, lui aussi, que le bénéfice de l'harmonie et de l'adaptation des rouages de la machine économique. Cela est si vrai que la variété introduite par la loi de 1892 dans la durée du travail, pour les différentes catégories de travailleurs (12 heures pour les hommes, 11 heures pour les femmes, 10 heures pour les enfants jusqu'à 18 ans), a fait surgir, dès la première année de l'application de cette loi (1), de sérieuses difficultés pratiques dans les industries, comme la filature et le tissage, où les tâches diverses confiées à ces diverses catégories concourant à un même travail ne peuvent s'accomplir simultanément. Les mêmes remarques ont été faites par MM. Lestiboudois en 1840 et Chesnelong en 1891. « Le travail des manufactures se fait en commun, l'ouvrier ne peut rien faire si les aides lui manquent ; il ne peut travailler 12 heures si les enfants n'en travaillent que 8 ; il est forcé d'interrompre ses travaux tout aussitôt que ces derniers les terminent. Il y a donc

(1) V. R. Waddington, *Revue pratique de droit industriel*, 1893, page 91.

un dérangement de tout l'atelier dès qu'il n'y a plus coïncidence parfaite entre tous les travaux. »

« Ce n'est pas à dire (1) qu'il ne sera pas de l'intérêt des établissements visés par la loi que le jour de repos soit le même partout, du moment qu'un jour de repos est légalement obligatoire. Quelle gêne en effet pour la marche de leurs affaires, pour la faculté de leurs échanges, pour la rapidité de leurs marchés et de leurs correspondances, pour les rapports de toutes sortes entre les établissements divers qui concourent à la même production, aussi bien qu'entre les établissements et les maisons qui achètent leurs produits, quelle gêne, dis-je, et souvent quels retards préjudiciables si le jour du repos varie non seulement de pays à pays, mais encore dans notre pays même, d'établissement à établissement, de maisons de production à maisons de vente ».

« En vérité, établir des jours de repos variables pour des activités qui sont solidaires les unes des autres, ce n'est ni raisonnable, ni sensé. Vous jetteriez ainsi le trouble et l'incohérence dans des rapports où l'harmonie est nécessaire et où cette harmonie ne peut naître que d'une régularité uniforme, je pourrais dire, d'une similitude complète, dans le roulement des jours de repos et des jours de travail. »

Au même point de vue économique, on a constaté

____

(1) Chesnelong, séance du 16 juillet 1891, *Officiel*, p. 619.

que le travail du dimanche est généralement inférieur
et que les ouvriers ne le font qu'à titre de concession ;
en fait la suppression de ce travail n'a pas amené
de diminution sérieuse, qualitative ni quantitative de
la production : La grande situation industrielle de
l'Angleterre et des États-Unis où le repos du dimanche
est le mieux observé, en est la preuve (1).

Les raisons de cette médiocrité de résultat ont été
bien analysés par M. Duvert. « L'ouvrier, se sentant
exceptionnellement surchargé, ne saurait être et n'est
point favorablement disposé envers celui qui semble
recueillir le profit de cet excès de valeur, il n'apporte
point ce jour là, à son œuvre, plus de conscience que
d'habitude, bien au contraire, et comme il n'est que
peu ou pas surveillé, il prend contre vous une sorte de
revanche en commettant toutes les fraudes, toutes les
fautes qu'il lui est loisible de dissimuler. » Si l'ouvrier
travaille mal le dimanche, il s'amuse complètement le
lundi : de là une nouvelle perte de production que les
économistes doivent envisager encore. *L'Économiste*
du 2 novembre 1889 publie une lettre de M. Henri
Satze, ingénieur constructeur à Lyon, qui signale le fait
suivant : autrefois il était d'usage de travailler dans
son usine au moins la demi-journée du dimanche,
mais par contre 60 à 70 0/0 des ouvriers chômaient le
lundi et la moitié de ce nombre manquaient encore le

____

(1) Rapport de M. Duvert. Congrès de 1889, p. 175.

mardi. Par suite de la suppression complète du travail du dimanche, le nombre des ouvriers qui chôment le lundi a été considérablement diminué et ne représentait plus qu'une proportion de un à deux pour cent. On a même demandé pour éviter le chômage du lundi de forcer les industriels à mettre en mouvement leurs machines ce jour-là.

Enfin la surveillance n'est possible que si le jour de repos est le même partout. « Si le jour de repos est le même partout, la surveillance sera facile et l'exécution de la loi pourra être assurée ; mais si chaque établissement veut fixer le jour de repos selon son gré, si ce jour varie de manufacture à manufacture, d'atelier à atelier, la surveillance serait très difficile, elle deviendra presque impossible dans certains cas et l'efficacité de la loi ne sera pas garantie (1). » Les rapports des inspecteurs sont unanimes en ce sens.

En résumé, la régularité est un des éléments essentiels du repos, qui de plus, pour être fécond, doit avoir lieu le même jour pour tous : « Il n'est pas indifférent qu'un homme détermine à l'avance, un jour de la semaine, qui ramène par son retour régulier, le retour régulier aussi d'un effort moral. Il n'est pas indifférent non plus qu'un homme en particulier se mette d'accord avec les autres hommes, ses semblables, pour s'u-

_____

(1) Chesnelong, Discours au Sénat le 16 juillet 1891.

nir à eux dans la contemplation, comme il s'unit à eux dans l'action (1). »

D'ailleurs le 14 novembre 1893 M. Maxime Lecomte déposait au Sénat une proposition qui, adoptée en première lecture le 12 juin et en seconde le 13 juillet 1894, a été transmise le 20 juillet 1894 à la Chambre : elle prescrivait en particulier la coïncidence du repos pour toutes les personnes protégées, sauf dans les usines à feu continu.

(1) Rapport de M. Thouverez, *Congrès international pour le Repos du dimanche*, 1889.

CHAPITRE IV

DES OBJECTIONS A LA RÉGULARITÉ DU REPOS.

Il est nécessaire de défendre les conclusions précédentes contre les objections que soulèvent certains économistes. Dans quelques industries le travail doit être continu, par exemple dans les verreries et dans les usines dites à feu continu, en raison de la matière première et des machines qu'une interruption de travail pourrait compromettre.

Dans quelques autres industries, comme celle de la glace, de la confiserie, des jouets, un jour de chômage occasionnerait une grosse perte : dans les industries dites de saisons, le travail est pressé et plus rémunérateur à certains moments de l'année et se trouve compensé par une longue morte saison.

Dans d'autres cas, il y a des travaux absolument urgents, comme ceux que nécessite un danger imminent, ou que l'on entreprend pour satisfaire à des commandes pressantes. Enfin, il y a des travaux qui s'opposent par leur nature même à la fixation d'un même jour de repos pour tous : ce sont ceux qu'exige le repos des autres ; par exemple, les employés de chemins de fer doivent contribuer au transport des voyageurs plus nombreux que d'habitude les jours de fête ; les usines et les machines supposent des gardiens, si les ouvriers chôment, leur entretien ne peut être entrepris pendant la semaine. Toutes ces objections sont-elles de nature à empêcher la réglementation d'un repos régulier?

En premier lieu, elles sont exagérées ; en second lieu, si elles peuvent donner l'occasion d'insérer des exceptions dans la loi, elles ne sont pas capables d'ébranler le principe général.

On nous dit que certaines industries vont dépérir parce que la matière première ne peut pas être abandonnée à elle-même, sans être travaillée, pendant un jour entier. Il est certain que dans l'organisation généralement suivie par les verreries, il est coûteux de laisser la matière liquide dans les fours, que les feux sont entretenus sans profit et que les fours s'abîment plus vite. Mais cette organisation marque-t-elle le dernier progrès qui puisse être obtenu? La meilleure raison d'en douter, c'est que certains verriers sont arrivés à se passer du travail continu. A Baccarat, le repos du dimanche est complet ; dans d'autres verreries de l'Est, où l'on est obligé de donner plus de temps à la fonte du verre, le chômage est également absolu le dimanche. La vérité nous oblige de reconnaître que l'emploi des fours inventés par Siemens et qui constituent un progrès notable sur les anciens fours à creusets, entrave le repos dominical et que nous serons tenu de faire état de cette nécessité du travail continu (1). Dans les usines métallurgiques, le puddlage et le laminage étaient considérés jusqu'à présent comme exigeant impérieusement la continuité ; cependant, grâce aux progrès industriels, on est arrivé à se soustraire à cette exigence. En général on travaille dans ces usines pendant quinze jours sans interruption, ou plus exactement du lundi matin à 6 heures, au samedi de la semaine suivante à six heures du soir. Chacun sait que la main-d'œuvre joue un rôle considérable dans le travail du puddlage, comme d'ailleurs dans celui du laminoir. Or pour peu que l'ouvrier ralentisse son activité ; il se produit promptement un engorgement dans certaines parties des fours à puddler : ce fait détériore rapidement les fours. La fatigue de l'ouvrier lamineur produit le même résultat puisque les deux travaux sont intimement liés. On fait donc dans les douze jours et demi 25 postes de 12 heures. Si on voulait obliger l'industriel à observer le repos dominical, il ne pourrait plus alors faire travailler que 22 postes, puisque trois seraient supprimés du samedi soir au lundi matin. Comment remédier à cette perte de travail ? M. Morel (2) a essayé de le faire et son système doit être efficace, puisqu'il est des usines métallurgiques qui observent le repos du dimanche. Il prouve que le repos de tous les dimanches cause à l'industriel un surcroît de

(1) *Congrès national du repos du dimanche* de 1892, p. 119.
(2) *Congrès du repos hebdomadaire* de 1889, p. 165 et sq.

frais de 42 centimes par tonne de fer fini, soit environ 1/3 0/0 de la valeur actuelle de la tonne de fer. Le salaire de l'ouvrier n'aura pas été diminué puisqu'il est payé au tonnage produit et il y aura gagné son repos de chaque dimanche.

Il en est de même dans les raffineries, pour lesquelles on objectait l'impossibilité de laisser dans des filtres durant toute une journée des solutions sucrées qui fermenteraient. Par de nouveaux progrès, on est arrivé à faciliter le repos hebdomadaire. On régla l'émission des liquides filtrés avec la capacité des réservoirs alimentaires des filtres, ou de l'appareil à cuire dans le vide (1). Il nous faut encore reconnaître le fait que plusieurs industriels seraient obligés de faire les frais d'une nouvelle installation, parfois très coûteuse.

Et que dire des travaux de saison ? Ils sont causés par la nécessité de livrer en un temps déterminé et fort court certains produits aux acheteurs qui, par leurs habitudes ou par suite de la mode, les acquièrent à certaines époques, il s'agit de savoir lequel des deux fera la loi à l'autre, le consommateur ou le producteur ? Par suite de la concurrence des producteurs, mais surtout par suite de la liberté de cette concurrence, que n'entrave pas la réglementation du travail, le producteur subit la loi de l'acheteur ; mais qu'une loi, qui interdirait le travail le septième jour, intervienne. Com-

(1) *Ibid.*, p. 132.

ment donc les producteurs se plaindraient-ils du chômage forcé du dimanche, puisqu'il serait une obligation
pour tous ? L'acheteur avancera forcément ses commandes, et l'habitude en sera bientôt prise. Nous objec-
tera-t-on que la commande devant être avancée, elle
ne pourra plus se plier aux caprices de la mode ? Supposons alors qu'une industrie de saison exige, dans les
habitudes actuelles, un travail ininterrompu de deux
mois ; dans ces deux mois il y a neuf dimanches ; les
travaux et la commande ne seront avancés que de neuf
jours.

Les travaux, qui seront vraiment urgents, doivent
être exceptés ; c'est chose convenue et trop naturelle,
tels sont ceux qui sont entrepris dans l'intérêt de la
sûreté nationale ou pour un service public et urgent.
Mais faut-il déclarer urgents ceux qui ont pour but de
satisfaire à des commandes pressées ? Y a-t-il là motif
à déroger à un principe d'ordre public ? Faut-il même
déclarer urgents ceux des industries qu'actionne une
force motrice irrégulière, telle que le vent et l'eau ? Il
y a là matière à discussion.

Quant aux travaux, qui sont justement entrepris à
cause du repos général, et en particulier quant aux
transports, l'objection est sérieuse et l'on ne peut guère
mettre en pratique que le régime de la Suisse, qui dans
l'état actuel des mœurs, résout assez bien le problème;
les employés ont cinquante-deux jours libres par an,
dont dix-sept dimanches ; ce résultat est obtenu par la

fermeture des gares de petite vitesse, par l'ouverture de
la grande vitesse au service de certaines marchandises
pendant quelques heures seulement, par la suspension
des délais de livraison, qui ne courent pas le dimanche. Cette question a été très étudiée en ces temps
derniers ; on voyait déjà, dans le rapport du Congrès
international du repos hebdomadaire de 1889, une discussion fort intéressante.

Les exceptions existent, mais elles sont réductibles
pour la plupart, telle est la conclusion qui s'impose.
Trop de gens sont amis du tout ou du rien et sous prétexte d'impossibilité de réglementation totale et complète, refusent toute réglementation. C'est ce que re-
marquèrent les partisans de la loi de 1841, en demandant
aux partisans du principe de la loi de ne pas la rejeter.
parce qu'elle était incomplète ou imparfaite : les amis
du progrès doivent se contenter de tout ce qui marque
une étape dans cette voie. « Tout ou rien » est la devise
de l'impuissance ou l'hypocrysie de la mauvaise volonté (1). La règle parfaite, c'est-à-dire générale n'est
pas toujours de ce monde, ceux qui rejettent tout, parce
qu'ils ne peuvent pas tout garder, sont dénués de tout
sens pratique et même de toute intelligence ; les bons
esprits prennent la réalité telle qu'elle est dans sa complexité ; ils savent que la simplicité et l'universalité des
lois des choses sont un désir plutôt qu'une vérité; et les

(1) Barboux, *Discours prononcé à l'Ass. gén. de la L. P.* à Paris,
le 3 avril 1895.

règles, qu'ils enseignent, suivent cette complexité, la
morale et le droit vivent de détails, comme tout ce qui
est pratique, comme tout ce qui est réel, ce sont des
choses vivantes, qui règnent sur des êtres vivants et qui
doivent être souples comme eux ; leurs règles sont
comme la règle de plomb des Lesbiens qui suivait toutes les anfractuosités et tous les contours ; si elles
étaient inflexibles, elles n'y gagneraient que de ne rien
régler du tout. Posons donc franchement le principe de
la régularité du repos, et s'il le faut, admettons des
exceptions, et même des exceptions de divers ordres,
les unes permanentes et énumérées dans la loi, les autres temporaires et non précisées d'avance, mais que
les exceptions ne nous voilent pas le principe.

CHAPITRE V

Si le repos doit être fixé au même jour pour tous les travailleurs, il y a beaucoup de raisons pour que le choix se porte sur le dimanche.

Le dimanche est accepté par la tradition, à tel point que, dans le langage courant, l'adjectif « endimanché » désigne l'ouvrier qui laisse ses habits de travail pour ceux du repos. Le dimanche est respecté par les incrédules comme par les croyants, ce qui prouve qu'il est entré dans nos mœurs et qu'il y reste indépendamment de toute considération religieuse, quelle que soit d'ailleurs la porte par laquelle il s'y serait glissé. Les fêtes locales sont reportées aux dimanches ; les rues, les promenades, la campagne sont plus fréquentées ce jour-là, qui est voué aux réjouissances de toutes sortes, aux rendez-vous, aux banquets ; dans d'autres cas le samedi soir est préféré pour les réunions parce qu'il est la veille du dimanche et du repos.

Le 7 mars 1896, le comité des employés du Havre, adresse le refus suivant à un journal havrais qui avait insinué que le repos pouvait avoir lieu plus avantageusement en semaine : « Nous réclamons le dimanche comme jour du repos de préférence à tout autre: d'abord parce qu'il est reconnu par la majorité des Français, que le gouvernement et toutes les grandes administrations l'ont adopté, qu'un autre jour ne leur permettrait pas de se réunir en famille, certains que nous serions de ne rencontrer aucune des personnes que nous pouvons fréquenter et qui, en majeure partie, sont ouvriers et bénéficient du dimanche. » La chasse et la pêche sont ouvertes le dimanche matin et fermées le dimanche soir. C'est aussi le jour où tout citoyen donne quelques heures à la satisfaction des besoins intellectuels et moraux. Fixe-t-on les conférences populaires, les concours de musique, de gymnastique, les expositions éphémères d'arts ou d'industrie, au jeudi ou au mardi par exemple? Il a été question de faire payer l'entrée de nos musées pendant les jours de la semaine, n'a-t-on pas en même temps songé à maintenir la gratuité le dimanche? Les théâtres subventionnés donneraient-ils leurs représentations gratuites un autre jour que celui-là, sauf naturellement le cas de fêtes nationales? La majorité des Français appartient à la religion chrétienne, le dimanche est le jour du Seigneur, de la sanctification des âmes par la lecture des livres saints et par l'assistance aux cérémonies du culte.

Ces usages et ces traditions sont si profondément enracinés que les lois contraires n'ont pu le détruire. Malgré le calendrier nouveau, qu'imposait le décret du 18 floréal an II, on célébra les dimanches, jamais les

décadis. Le gouvernement en vain imposa l'exécution
du calendrier républicain par un arrêté du 14 germinal
an VI, par un arrêté du 17 germinal de la même année,
il interdit même de donner des bals et d'ouvrir les salles
de spectacles les dimanches. La loi du 17 thermidor
an VI alla plus loin ; elle portait des prohibitions très
sévères pour l'observation des décadis et des fêtes nationales, elle ordonnait, pour ces jours de repos, la fermeture des boutiques, des magasins et ateliers, la suspension des travaux dans les lieux publics sous peine
d'amende, et, en cas de récidive, d'emprisonnement,
et prohibait de faire des significations, des saisies et des
ventes, sous peine de nullité. La vanité de ces ordres
et de ces prohibitions restera la meilleure preuve de
l'impossibilité où une loi se trouve de lutter directement
contre la tradition, et de la folie des législateurs qui ne
veulent pas tenir compte des raisons traditionnelles.
On ne saurait faire un tel reproche à ceux qui proposent
la fixation du repos au dimanche, car une loi nouvelle
hâterait le développement de nos mœurs en ce sens,
et rencontrerait le terrain tout préparé.

On revint vite au respect des traditions séculaires,
des cas nombreux le consacrèrent même. La loi du
22 mars 1841, dans son article 4, interdisait l'emploi
des enfants, au-dessous de 16 ans les dimanches et
jours de fêtes légales, en spécifiant que le rangement
d'atelier rentrait lui-même dans l'interdiction. D'après
la loi de 1851 sur l'apprentissage, les apprentis, les di-

manches et jours de fêtes reconnues, dans aucun cas, ne pouvaient être tenus vis-à-vis de leur maître à aucun travail de leur profession et s'il y avait convention contraire, ce travail ne pouvait se prolonger au delà de 10 heures du matin : La loi du 19 mai 1874 reproduisait la même prohibition pour les garçons jusqu'à 16 ans et pour les filles jusqu'à 21 ans. La loi du 2 novembre 1892 en imposant le repos hebdomadaire ne s'accorde pas avec la loi scolaire du 28 mars 1882 dont l'article 2 est ainsi conçu : « Les écoles primaires publiques vaqueront un jour par semaine, en outre du dimanche, afin de permettre aux parents de faire donner, s'ils le désirent, à leurs enfants l'instruction religieuse. » Voilà un article qui ne craint pas de dire que le dimanche est respectable par lui-même et par le culte auquel il est généralement destiné, cependant le ministre, qui l'a fait voter, n'était pas suspect de mysticisme ou de complaisance pour la religion, mais il ne redoutait ni la vérité, ni la tolérance, ni le mot dimanche. Les lois de 1874 et de 1882 permettaient que les enfants et leur mère fussent réunis le dimanche. Dans les familles de fonctionnaires, la coïncidence du repos eût été parfaite, en vertu de l'article 57 de la loi du 18 germinal an X.

« Le repos des fonctionnaires publics sera fixé au dimanche. » Ainsi doivent se reposer les tribunaux, les greffes, les bureaux d'enregistrement, du timbre, des domaines, les ponts et chaussées, les facultés, les ministères, en un mot toutes les administrations. « Est-il

admissible que le travail industriel subsiste virtuelle-
ment le jour où le travail administratif est suspendu ?
Pour ne voir que les petits côtés de la question, les inspecteurs du travail auraient l'excuse légale ou, si vous
aimez mieux, le prétexte légal de ne pas visiter le dimanche les ateliers qui ne chômeraient pas ce jour-
là (1) ».

Tous les actes, qui émanent de l'État ou de ses repré-
sentants, sont à peu près interdits le dimanche, en tous
cas, l'interdiction est la règle, le travail est l'exception.
Ce n'est que dans les cas exceptionnels que la loi permet d'accomplir pendant les jours de fête légale, les
actes de l'office du juge ; c'est ainsi que l'article 8 du
Code de procédure civile permet aux juges de paix de
juger tous les jours *même* ceux des dimanches et fêtes,
que l'article 808 autorise, *en cas d'urgence*, le président à permettre d'assigner en référé ces mêmes jours,
et que l'article 828 donne le même pouvoir au juge
pour autoriser la saisie-revendication *même* les jours de
fêtes légales. Les mots « *même* » et « *en cas d'urgence* »
ne laissent aucun doute sur l'intention du législateur.
Aux termes de l'article 1037 du Code de procédure civile « aucune signification, ni exécution ne pourra être
faite les jours de fête légale, si ce n'est en vertu de la
permission du juge, *dans le cas où il y aurait péril en la
demeure* ». L'article 63 porte « qu'aucun exploit ne sera

____

(1) Discours de Berger, 3 février 1891.

donné un jour de fête légale, si ce n'est en vertu de permission du Président du Tribunal » et l'article 781 que « le débiteur ne pourra être arrêté les jours de fête légale ». Une loi du 13 avril 1875 ordonne que « toutes les fois que le dernier jour d'un délai quelconque de procédure, franc ou non, est un jour férié, ce délai sera prorogé jusqu'au lendemain ». D'après l'article 162 du Code de commerce « le refus de paiement doit être constaté, le lendemain du jour de l'échéance, par un acte que l'on nomme protêt faute de paiement. Si ce jour est un jour férié légal, le protêt est fait le jour suivant ». L'article 134 du même Code fixe, à la veille du jour fixé sur la lettre de change, l'échéance, lorsque ce jour est un jour férié légal. L'exécution des peines prononcées en vertu du Code pénal suit la même règle. « Aucune condamnation ne pourra être exécutée les jours de fêtes nationales ou religieuses, ni les dimanches » (art. 25). Le dimanche est jour férié de par un arrêté du 29 germinal an X, au même titre que Noël, l'Ascension, l'Assomption, la Toussaint, le 1ᵉʳ janvier, le 14 juillet et les lundis de Pâques et de la Pentecôte.

Au contraire, les actes de la vie publique et politique sont fixés au dimanche, tant par l'usage que par la loi. « Avant la célébration du mariage, l'officier de l'état civil fera deux publications à 8 jours d'intervalle, un jour de dimanche devant la porte de la maison commune » (Code civil, article 63). Les élections ont toujours lieu un dimanche ; ce jour est indiqué dans deux textes, dans l'article 15 de la loi du 5 avril 1884 et dans l'article 4 de la loi du 30 novembre 1875. « L'arrêté de convocation est publié dans la commune quinze jours au moins avant l'élection, qui doit *toujours* avoir lieu un dimanche. » « Le second tour de scrutin continuera d'avoir lieu le deuxième dimanche qui suit le jour de la proclamation du résultat du premier scrutin. »

Ainsi la tradition et les mœurs, les lois même ont admis le dimanche comme jour de repos, l'État lui-même, en tant que patron et pouvoir exécutif, a reconnu la nécessité de cette fixation, tout en ne l'introduisant pas dans notre Code d'une manière expresse pour tous les travailleurs. L'Empire, dans la note insérée au *Moniteur* du 9 juin 1852, rappelle qu'il a prescrit aux entrepreneurs des travaux qu'il fait exécuter, de ne pas y employer leurs ouvriers le dimanche. La même prohibition est formulée par le cahier des charges et conditions générales imposées aux entrepreneurs des travaux des ponts et chaussées, du 16 novembre 1866, dans son article 11, §§ 2 et 3. « Il est interdit à l'entrepreneur de faire travailler les ouvriers les dimanches et jours fériés. » Par une circulaire du 21 août 1873 adressée aux Préfets, le ministre des travaux publics rappelait cette prohibition en ces termes : « Il importe au plus haut degré que cette disposition moralisatrice soit rigoureusement observée, et que sauf les cas d'urgence ou de nécessité absolue, pour lesquels il doit en être référé en temps utile à l'autorité supérieure, tous les travaux qui s'exécutent pour le compte de l'État soient suspendus les dimanches et jours de fête reconnus par la loi. » Le modèle général du cahier des charges d'une concession de chemin de fer contient un article 26, ainsi conçu : « Pour l'exécution de certains travaux, la Compagnie se soumettra aux décisions ministérielles concernant l'interdiction du travail les dimanches et jours fériés. » L'État ne permet en effet le dimanche que les travaux urgents. Par arrêté du 9 mai 1891, le ministre des travaux publics, M. Yves Guyot, décidait que les dimanches et jours fériés, les gares seraient fermées tant à la réception qu'à la livraison des marchandises de petite vitesse, à partir de 10 heures, et donnait aux expéditeurs le droit de prescrire la non-livraison le dimanche. Par arrêté du 16 février 1892 le même ministre mettait en vigueur une nouvelle édition du cahier des clauses et conditions générales, portant en son article 2 : « Il est interdit à l'entrepreneur de faire travailler les ouvriers les dimanches et jours fériés. Il ne peut être dérogé à cette règle que dans les cas d'urgence et en vertu d'une autorisation écrite ou d'un ordre de service de l'ingénieur. » Un arrêté du 1er août 1898 a avancé d'une heure la fermeture des gares de petite vitesse le dimanche et a ordonné la fermeture totale le 14 juillet (Tillaye). L'armée a de même le repos du dimanche assuré par un décret du 7 août 1886, et une note du Ministre de la guerre du 12 août 1887 s'exprimait ainsi : « Le dimanche doit être un jour de repos absolu pour les troupes ; il doit en être de même des jours de fêtes légales et du premier de l'an. » Une lettre ministérielle du 8 juin 1889 étendait cette mesure aux hommes de la territoriale, pendant leurs treize jours.

Dans une lettre de M. Laurent, ingénieur des manufactures de l'Etat, au Congrès national de 1892 pour le repos du dimanche (1), il est affirmé que le repos du dimanche est absolu dans les ateliers et dans les manufactures de l'Etat, et qu'il n'est permis ce jour-là que de faire les réparations « qu'il est matériellement impossible d'effectuer en cours de travail ». De même M. Barbey, alors ministre de la marine adressait à la date du 26 novembre 1890 une circulaire aux préfets maritimes. Il se louait des bons résultats acquis par le fait de remettre au samedi les revues jusqu'alors passées le dimanche matin. En conséquence il prescrivait que cette mesure fût générale (2).

Une deuxième considération pourrait enfin militer en faveur du dimanche. Les nations de l'Europe, en particulier, ont des intérêts communs et une sorte de solidarité commerciale et industrielle ; si la Bourse par exemple est fermée à Londres, à Berlin, elle l'est nécessairement à Paris, un même jour de repos s'impose donc dans une certaine mesure pour tout ce qui concerne les relations internationales et ce jour ne peut

____

(1) *Op. cit.*, p. 96.
(2) *Bulletin de la L. P.*, 1891, p. 19.

être que le dimanche qui est la tradition de l'Europe tout entière.

En résumé, le dimanche est tout indiqué comme jour de repos par la loi et les usages, de plus il n'y a aucune raison qui vienne contrarier la fixation de ce jour, bien au contraire, le ministre des chemins de fer en Belgique pouvait dire avec raison à la séance de la Chambre des députés du 19 mars 1889. « Les obstacles que je suis parvenu à vaincre pour le repos du dimanche seraient invincibles, si le jour du repos était fixé au lundi, par exemple... Si je m'étais proposé d'accorder seulement un jour de repos périodique, j'aurais échoué, misérablement échoué ».

CHAPITRE VI

On a cependant opposé quelques objections d'ordre
économique et politique. — Les économistes soutiennent que certains travaux sont plus productifs le dimanche : ce sont, par exemple, ceux qui sont entrepris
dans les fabriques de conserves alimentaires à Paris,
et qui trouvent la matière première à un prix inférieur
le dimanche, par suite de manque de concurrence entre
les acheteurs aux Halles. On trouve mentionnée une
objection du même genre dans le rapport de la Commission supérieure du travail pour l'année 1894 : les
trieurs, emballeurs et expéditeurs de fruits de Lot-et-
Garonne pour l'Angleterre, chôment le jeudi, parce
que les expéditions faites ce jour-là arriveraient à Londres le dimanche et resteraient invendues jusqu'au marché du lundi.

On a de même essayé un plaidoyer en faveur du lundi,
dans un article du *Rappel* du 11 juillet 1890, mais pour
des motifs peu plausibles : les ouvriers trouveraient
plus facilement et à meilleur compte leurs plaisirs ce
jour-là, car tout n'est pas envahi comme le dimanche.
En effet, si tous les travailleurs prenaient l'habitude de

se reposer le lundi, tout serait encombré ce jour-là, et les inconvénients du dimanche actuel, d'après le *Rappel*, se retrouveraient encore. De plus, les plaisirs de famille dans les restaurants de la banlieue seraient impossibles le lundi, puisque les enfants sont à l'école et que bien des établissements publics sont ouverts gratuitement le dimanche, ou à meilleur marché.

Ces objections ne peuvent nous arrêter longtemps, car s'il y a quelques travaux dans ce cas, il y en a bien peu, et la raison, qu'on fait valoir, est trop intéressée : il ne s'agit pas ici de l'intérêt de l'industrie, mais de l'intérêt de l'industriel seulement.

Une objection plus sérieuse vient de ceux qui prétendent qu'une loi qui fixerait le repos au dimanche, serait d'ordre religieux et réglementerait une question de conscience. Dans la séance de la Chambre des députés du 26 décembre 1840, un membre avait proposé d'énoncer en termes généraux, que les enfants au-dessous de dix ans, ne pourraient être employés, plus de six jours par semaine, sans préciser le jour qui devait être consacré au repos, il invoquait à l'appui de son amendement le principe de la liberté des cultes ; le ministre de la justice, se plaçant sur le même terrain, s'éleva avec force contre une interprétation aussi dangereuse du principe, dans un pays où le christianisme était la religion de la presque totalité des citoyens. C'est là qu'on place généralement la controverse : on confond deux termes bien dissemblables, la célébration

du dimanche et le repos. Si l'Etat voulait forcer les citoyens à suivre les cérémonies du culte, on concevrait
qu'on oppose la violation de la liberté de conscience.
Mais est-ce là ce que nous demandons ? en aucune façon. C'est d'ailleurs sur ce terrain que s'est placée la
Conférence de Berlin : « Notre programme, disait le
président de la commisssion du repos du dimanche,
Mgr Kopp, comporte non la célébration et la sanctification du dimanche, mais la question du repos du
dimanche, et cette question est limitée aux établissements industriels. » Quand il s'agit de repos, que vient-
on parler de liberté de conscience. Le rapporteur de la
loi de 1841 disait : « L'observation du repos du dimanche ne gêne la conscience de personne. Elle conseille
les pratiques religieuses, elle ne les commande pas. »
On conçoit que, si le dimanche n'était déjà par lui-
même le jour consacré au repos par les mœurs et la
tradition, des gens viennent se plaindre d'une violation
de leur liberté : mais encore une fois, nous n'en sommes pas là, et si le repos du dimanche est imposé par
la religion catholique, il l'est aussi par des raisons d'ordre philosophique et économique et parce que la logique et le besoin de créer une loi pratique, respectée dès
la promulgation, exigent que ce soit ce jour-là et pas un
autre qui soit fixé comme jour de repos.

Malgré tout l'objection restera. Mais par qui sera-
t-elle soutenue ? Par les juifs, ou par les musulmans ?
Non, car ils sauront bien que la religion n'est pas la

seule raison qui a fait choisir le dimanche et que d'ailleurs, si les chrétiens y trouvent leur compte, eux n'y perdent rien, puisqu'ils y gagnent le repos d'un jour, et que la loi ne les empêche pas de remplir leur culte, quand il leur plaît. La protection, que la loi accorde aux uns n'est blâmable que si elle nuit aux autres, ou si elle constitue une faveur exclusive, un privilège ; ce qui ne serait pas le cas encore une fois, puisque le dimanche se rencontrerait être jour de repos et jour de culte. Il n'est pas défendu que la loi vise le plus grand bien de tous : la jalousie et l'envie ne sont pas des mobiles si recommandables que le législateur les consacrent. Il est instructif de remettre sous les yeux de tous, les paroles de M. Fould dans la discussion de la loi de 1841 : « Appartenant à une minorité à laquelle on a fait allusion, et, dans l'intérêt de laquelle on vient d'apporter des réclamations à cette tribune, je pense que la Chambre voudra bien me permettre quelques mots.... Il serait injuste, souverainement injuste, parce qu'une minorité de 300.000 individus ne professe pas la religion de trente-trois millions d'hommes, de gêner la conscience de ces trente-trois millions d'hommes. On précise des circonstances en faveur de cette minorité, on dit qu'elle s'abstient de travail le samedi. Nous habitons un pays où le dimanche est fêté, c'est à nous à suivre les usages, nous nous y soumettons sans inconvénient aucun. Le dimanche est fêté par la plupart, par la plus nombreuse partie de mes coreligionnaires ; tous ceux qui ont reçu quelque éducation religieuse et morale comprennent que fêter la Divinité le samedi ou le dimanche est indifférent pour leur conscience... Maintenant, s'ils ont quelque devoir religieux à remplir le samedi, ils prendront une heure ou deux par jour sur leur travail ; ils pourront aller au Temple le samedi, aucune fabrique ne leur refusera le temps de remplir leur devoir religieux...Je me résume en remerciant les honorables auteurs de l'amendement ; mais, quant à moi, quant au culte que je professe, il n'en a pas besoin ; il est heureux de la protection qu'il trouve dans la loi générale, et ne demande pas davantage. »

Le jour de repos que nous demandons sera consacré à la vie morale et politique. Les Israélites s'indigneraient si l'on établissait qu'ils chômeront le samedi et qu'ils travailleront le dimanche : « Ils demeureraient donc dans la même maison que nous, mais ils ne feraient pas partie du même peuple : ils n'auraient pas le même jour que nous pour penser et pour aimer (1). » Les Israélites, en 1888, s'étant plaint que la loi du dimanche de l'État de New-York blessait leur conscience, reçurent du major Hewitt, la réponse suivante : « La loi sur le repos du dimanche n'est pas basée sur des principes religieux, mais sur des considérations de police, et elle doit être observée par tous les citoyens, sans distinction de foi religieuse. Elle ne prive per-

____

(1) V. *Bulletin de la* L. P., 1896, p. 251.

sonne du droit d'observer le jour du Seigneur, et elle n'y contraint personne, elle dispose seulement qu'un jour sur sept sera un jour de repos et, comme ce jour ne peut être choisi de façon à contenter tout le monde, il a été choisi de façon à contenter la majorité. » Il est évident que la loi ne porte pas atteinte à la conscience, puisqu'elle n'ordonne pas la pratique de la religion, mais une simple abstention du travail : dans ce cas la minorité est blessée aussi peu que possible, si tant est qu'elle soit blessée ; il est pratiquement impossible qu'une loi ne sacrifie quelque minorité aux besoins ou aux aspirations de la majorité : si l'on érigeait en principe absolu le respect dû aux minorités, on en arriverait, à la limite, à ne plus rien défendre, car il n'est pas d'homme qui ne soit gêné par quelque prescription du Code, au moins parmi les méchants qui sont une minorité assez considérable.

L'objection viendra d'une espèce de fanatiques, qui sont les pires intolérants et se réclament sans cesse de tolérance. Il y a des ennemis de toute religion, de tout culte, pour qui le législateur doit se proposer non seulement d'éviter tout encouragement aux idées religieuses, mais même de les étouffer complètement, surtout les idées religieuses de la majorité de leurs compatriotes. Pour ceux-là le dimanche ne doit pas être choisi, parce qu'il est le jour du culte : il est inutile de parler raison avec des sectaires aussi extravagants. Un député ne disait-il pas à la séance de la Chambre du 17 mars 1896 :

« Le jour où nous imiterons nos devanciers, les hommes de la Convention, qui avaient adopté la décade, nous aurons fait un pas énorme dans la voie de l'unité religieuse. » Quand on n'a pas de raison de s'opposer au choix du dimanche, pour soi-même, pour ses propres intérêts, de quel droit s'opposer à ce jour qui convient aux autres ? La tolérance est-elle une vertu qui exige une intelligence si haute, un cœur si généreux et si magnanime ? Il semble cependant que, sans être religieux, tout homme de bon sens peut respecter les croyances de ses frères, leur faire quelques sacrifices, qui, même lourds ou gênants, devraient encore être consentis, si la culture de l'âme par la religion est une forme de culture morale, peut-être même la seule efficace.

Quoiqu'il en soit, comment cette objection, qui est sans valeur aucune, peut-elle avoir été reprise par M. Waddington (1) et par des hommes intelligents et de bonne volonté ? La complexité des idées est souvent une cause d'erreur ; c'est ici le cas.

La loi doit intervenir pour la fixation du jour du repos, parce qu'il doit être le même pour tous, autant que possible, donc elle doit fixer le dimanche : il n'y a rien là qui puisse ressembler à une prescription exclusivement religieuse. Il est donc bien vrai que pour ceux

(1) En effet, répondant à M. de Mun, M. Waddington s'écriait : « Encore une fois, nous refusons, et en cela nous croyons être absolument conformes à l'esprit de notre Constitution et de nos mœurs politiques d'inscrire le mot « dimanche » dans la loi ».

qui admettent la fixation d'un repos régulier, c'est un mot seul qui les arrête, et si l'on ne veut fixer un jour régulier de repos, autant ne pas réglementer du tout le repos. La même remarque était faite par M. Jules Simon, le 11 mars 1891, au Sénat : « Sur quoi reposent les objections faites au choix du dimanche ? Mon Dieu, pendant que l'honorable M. Chesnelong parlait, j'ai entendu répéter sur plusieurs bancs ces mots : C'est la loi de 1814 ! On se rappelle la loi de 1814, et on établit une confusion entre ceci et cela. La loi de 1814, — M. Chesnelong l'a démontré, — n'est pas le moins du monde la loi dont il s'agit ici ; il s'agit ici d'établir un chômage et la loi de 1814, c'est la loi de la célébration du dimanche. C'est si bien la loi de la célébration du dimanche, qu'elle n'est que la reproduction de l'ordonnance de police du 7 mars, si je ne me trompe, laquelle disait très carrément : « Il faut qu'on célèbre le dimanche, pour bien montrer que les troubles sont finis et que la France est revenue à ses anciennes doctrines ». — C'est même si bien cela, et non une loi de chômage, que la loi de 1880, abrogeant celle de 1814, laissait subsister, par son article 3, toutes les dispositions antérieures, concernant le chômage. « Il n'est rien innové par la présente loi aux dispositions des lois civiles ou criminelles qui règlent les vacances des diverses administrations, les délais et l'accomplissement des formalités judiciaires, l'exécution des décisions de justice, non plus qu'à la loi du 17 mai 1874... » Ainsi le législateur de 1880 craint que l'abrogation de la loi de 1814 ne donne lieu à un malentendu ; il le prévient et donne une force nouvelle aux dispositions antérieures, et en particulier à la loi de 1874. C'est la plus parfaite démonstration que l'on puisse donner de la non-contradiction entre l'obligation du repos fixé au dimanche et l'abrogation de la loi de 1814.

M. Boreau-Lajanadie terminait ainsi son discours à la Chambre lors de la discussion de la loi de 1892 : « Je me résume. Nous voulons une réglementation qui enlève au choix du patron tout ce qu'il pouvait avoir d'arbitraire et par conséquent de dangereux. Nous voulons que ce soit la loi elle-même qui fixe le chômage. Si un autre jour que le dimanche était possible, je vous dirais : choisissez ce jour ; mais si, comme je crois l'avoir démontré, aucun autre jour ne réunit les conditions avantageuses du dimanche, je vous dis : choisissez le dimanche.

« Quelles objections peut-on faire à ce choix ? On parle de liberté individuelle, d'intérêt industriel, de liberté de conscience. J'ai peine à trouver ces objections sérieuses.

« La liberté individuelle ! Il est certain que nous touchons à la liberté des patrons, mais ce n'est pas en fixant le dimanche comme jour de repos, c'est en imposant un jour de repos, que ce jour soit le vendredi, le samedi ou le dimanche, la liberté individuelle du patron n'en est ni plus ni moins gênée ; mais cette gêne

est commandée par l'intérêt supérieur de la protection
que nous devons (il s'agit de la loi de 1892) aux femmes
et aux enfants de nos ouvriers.

« L'intérêt industriel ! J'avoue que je serais peu com-
pétent sur ces questions. Mais je n'ai qu'à jeter les yeux
en dehors de notre pays, chez les nations qui sont tout
aussi industrielles que la nôtre, l'Angleterre, la Suisse,
l'Allemagne.Je trouve partout établi cet usage d'un jour
de chômage par semaine, et partout le jour choisi est le
dimanche.

« La liberté de conscience ! Je connais des religions
qui défendent le travail du dimanche, je n'en connais
pas qui l'imposent. Quant aux libres-penseurs, peu leur
importe, je le suppose, de se reposer le dimanche ou le
lundi. »

CHAPITRE VII

DE LA SPHÈRE D'APPLICATION DE LA LOI : LE PRINCIPE.

Le jour du repos sera fixé au dimanche, mais quelles
sont les personnes à qui l'obligation du repos sera imposée, c'est-à-dire dans quelle sphère la loi s'appli-
quera-t-elle ? Il est bien entendu d'abord que, puisqu'il
n'est question que du travail industriel (1), seront exclus
tous ceux qui ne paraîtront pas devoir être rangés parmi
les travailleurs de l'industrie. Qu'est-ce donc que le travail industriel ?

Cette définition se trouve-t-elle dans nos lois mêmes ?
Non, l'article 1er de la loi du 2 novembre 1892, qui cependant ne s'applique qu'au travail industriel, ne met
pas ce qualificatif près du mot travail. A la fin de l'article 1er, la loi de 1892 parle d'un travail fait à l'aide de
chaudières à vapeur et de moteur mécanique, mais il
est évident que le législateur n'a visé que l'établissement
insalubre ou dangereux, et non industriel . Le pre-

(1) Il est bien entendu que nous ne voulons point dire que le repos
du dimanche ne s'impose pas dans la branche du commerce. La thèse
comprend les travaux de l'industrie, il importe que ce terrain soit bien
délimité : on peut voir les inconvénients qu'il y a à procéder autrement
dans les décisions judiciaires qui ont été rendues sur la législation industrielle en France et à l'étranger.

mier alinéa est même une énumération, non des travaux industriels, mais des lieux dans lesquels ils sont interdits. « Le travail des enfants, des filles mineures et des femmes dans les usines, manufactures, mines, minières ou carrières, chantiers, ateliers et leurs dépendances, de quelque nature que ce soit, publics ou privés, laïques ou religieux, même lorsque ces établissements ont un caractère d'enseignement professionnel où de bienfaisance, est soumis aux obligations déterminées par la présente loi. » — L'article 1er de la loi du 19 mai 1874 unit bien les deux mots industriel et travail, mais sans autre explication qu'une énumération, manufactures, fabriques, usines, mines, chantiers et ateliers. La loi du 22 mai 1841 s'attachait pour déterminer le travail industriel, soit au moteur mécanique ou à feu continu dans un atelier, soit à la réunion de plus de vingt ouvriers dans une fabrique. — Jusqu'en 1891, la loi fédérale de 1877 en Suisse, s'appliquait à peu près de même à : 1° tous les établissements comptant plus de vingt-cinq ouvriers ; 2° ceux présentant le type évident de fabrique ; 3° ceux offrant des dangers exceptionnels pour la santé et la vie ; 4° ceux employant des moteurs mécaniques, ou occupant des personnes de moins de 18 ans, ou présentant des dangers particuliers pour la santé ou la vie des ouvriers à condition qu'ils comptent plus de cinq ouvriers (1). — Ce ne

____

(1) Modifié par arrêté du Conseil fédéral du 3 juin 1891.

sont pas là des définitions, car le but des lois est multiple, et n'est pas la réglementation du repos, en tant que repos seulement. La jurisprudence, depuis 1874, avait déclaré que la loi était inapplicable aux ateliers organisés dans les établissements de bienfaisance, lorsque les ateliers fonctionnaient en vue de l'instruction et de l'éducation professionnelles. La Cour d'Angers et, sur pourvoi, la Cour suprême (1), jugea que les ateliers de charité tombaient sous le coup de la loi, lorsqu'ils joignaient au caractère charitable, un caractère industriel, notamment lorsque les travaux exécutés n'ont pas pour objet principal d'apprendre aux enfants un métier, mais de confectionner, dans un but de spéculation, des marchandises destinées au commerce. Le rapporteur de la loi, M. Tallon, avait excepté les ateliers de bienfaisance, en disant : « Il ne s'y fait pas en général de spéculation sur les produits du travail ; il ne *s'y pratique pas de fabrications industrielles* destinées à la la vente. » Mais le gain n'est pas le caractère propre de l'industrie. La division du travail mérite le même reproche ; à propos de cette même affaire, le ministre du commerce avait adressé aux inspecteurs du travail, parmi les moyens de reconnaître le travail professionnel du travail industriel, l'examen du point de savoir si la besogne journalière, au lieu d'être distribuée en vue d'apprendre aux enfants d'une manière progres-

(1) Affaire dame Luckrath : en appel le 11 mai 1884, à la Cour de cassation le 2 août 1888.

sive les éléments d'un métier, était au contraire or-
ganisée d'après le principe de la division du travail,
donnant toujours le même objet à confectionner aux
mêmes ouvriers en vue d'obtenir une plus grande production.

Ainsi les lois qui existent déjà et la jurisprudence
sont muettes sur la définition ; il est vrai que dans les
distinctions générales de nos lois, dans leur classification et dans les genres d'actes auxquels elles s'appliquent, dans les différences de régime légal, on trouve
assez nettement tracées les différences de l'agriculture,
des industries extractives, des industries manufactu-
rières, de transport et de commerce, la première est
réglée par les lois civiles ordinaires, les secondes par
les lois spéciales sur les mines, sur la chasse et sur la
pêche ; les troisièmes par le Code de commerce et des
lois spéciales : mais la question est précisément de justifier ces différences de régime et non de les prendre
comme principes pour des démonstrations ultérieures.

Notre méthode ne peut être que la critique des définitions qu'ont données les économistes. Pour J. B.
Say (1) « l'industrie est l'action des facultés humaines
appliquées à la production ». Cette formule est trop
générale, car le mot production est trop général ; produire, c'est amener au jour ce qui n'existait pas, c'est
aussi bien produire une œuvre d'art qu'un cent d'épin-

(1) *Traité*, t. 2, p. 55.

gles ; cependant l'art du peintre n'est pas de l'industrie, à moins que ce mot ne soit pris dans le sens d'habileté, d'activité générale, ce qui n'est pas du tout le sens courant du mot industrie. Le commerce est producteur de richesses, cependant nous disons qu'il est à tort rangé parmi les branches de l'industrie. — Pour certains économistes, l'industrie manufacturière, qui transforme les produits inachevés en œuvres parfaites, serait le tout de l'industrie. Cette définition serait incomplète, car il y a d'autres transformations que celles que l'on opère dans les manufactures : l'extraction dans les mines est bien une branche de l'industrie. La définition de J.-B. Say est au fond d'ailleurs des classifications des industries d'après J.-B. Say et Dunoyer. La seconde classification diffère peu de la première. Pour J.-B. Say (1), l'industrie qui extrait les produits des mains de la nature, soit qu'elle ait provoqué leur production, soit que cette production ait été spontanée, est l'industrie agricole ; celle qui prend les produits entre les mains des premiers producteurs, et qui leur fait subir une transformation quelconque par des procédés chimiques ou mécaniques, se nomme *industrie manufacturière* ; enfin, celle qui prend les produits dans un lieu pour les transporter dans un autre, où ils se trouvent plus à la portée de certains producteurs, ou du consommateur, sans lui faire subir de transformation

(1) *Cours com.*, t. I, p. 100.

essentielle, autre que la division par parties, se nomme l'industrie commerciale. Dunoyer décompose la première branche en deux autres : les industries extractives et l'agriculture, et la troisième en deux autres encore, l'industrie des transports et l'industrie commerciale.

Quelle que soit la valeur relative de ces deux classifications, la définition qui les a inspirées et qui leur a suggéré l'idée de faire rentrer le commerce dans l'industrie est trop générale. En premier lieu, commercer n'est pas modifier la marchandise. Pour commercer, il faut être deux, un acheteur et un vendeur, et l'acte de commercer consiste essentiellement dans l'achat et dans la vente et non dans une modification quelconque de la marchandise. Le livreur d'un marchand de bois ne commerce pas ; le scieur qui débite le bois en morceaux plus petits, pour en permettre la revente sous cette nouvelle forme, ne commerce pas ; et réciproquement le commerçant, en tant qu'il vend son bois une fois scié, doit être distingué du commerçant, en tant qu'il le fait scier ; dans ce cas, il est industriel, et non plus commerçant, il fait travailler un ouvrier, il ne vend pas au moment où il donne l'ordre de scier le bois. Si l'on prétend que ce sont là des subtilités, qu'on nous dise si l'industriel, qui découpe son papier en rames avant de le livrer aux acheteurs en gros, est un industriel ou un commerçant. La vérité est que le vendeur est industriel toutes les fois qu'il fait subir à la

marchandise une modification quelconque, soit même
une division en parties : il fait les deux à la fois, parce
que son industrie se ramène à peu de chose, mais toutes
les fois que le travail industriel est plus important, il
ne fait pas de commerce : le tailleur est un industriel
autant qu'un commerçant. Le vrai type de l'acte de
commerce est la commission : celui qui s'y livre ne
touche même pas la marchandise. Le commerce n'est
donc pas de l'industrie, tout en étant productive de richesses, ce qui est une autre question ; il produit, mais
il ne modifie pas. L'acte de commerce, l'échange, suppose des travaux antérieurs ; par exemple, le transport
de la marchandise d'un point à un autre, la division de
la marchandise, l'étalage, etc… Mais ce sont là des
travaux industriels qui ne perdent pas leur caractère,
parce qu'ils sont la condition de l'acte de commerce (1).
Faudrait-il ne pas interdire le travail du dimanche à
toute une armée de tailleurs dans un grand magasin,
sous prétexte que le patron est commerçant ? A ce
compte, l'industriel pourrait aussi se prétendre commerçant, parce que non seulement il produit des œuvres achevées, mais encore parce qu'il a acheté la matière première et parce qu'il revend ses produits ? L'industriel est commerçant quand il a acheté et quand il

(1) Le *Volk* de Berlin du 26 janvier 1896. A Berlin, un chapelier, four-
nisseur de la Cour (Hoflieferant), coupable d'avoir donné le dimanche
un coup de fer à un chapeau est condamné en première instance et en
appel à 3 marks d'amende, attendu que l'opération en question n'est pas
un acte de commerce, mais une opération industrielle.

vend, de même que le commerçant est industriel quand
il fait subir une modification quelconque à la marchandise. Ce n'est pas plus à la qualification de commerçant
ou d'industriel qu'il faut s'attacher, qu'au lieu dans
lequel le travail est accompli, si l'on veut définir l'industrie ou le commerce. — En second lieu, transporter
n'est pas commercer, le transport est une branche de
l'industrie. En effet, le producteur, qui transporte la
matière première d'un lieu dans un autre ne commerce
pas, tel est le fabricant de papier qui amène de la forêt
à l'usine les sapins dont il fera la pâte de bois. Extraire
la houille dans la mine, c'est aussi la transporter du
carreau de la mine au dehors : même le pic du mineur
détache le bloc de charbon et déjà le transporte, en ce
sens qu'il le déplace : peu importe la distance dans la
définition du transport. Celui-ci a pu paraître acte de
commerce, surtout parce qu'on a en vue plutôt le dé-
placement de marchandises terminées, de produits
ouvrés, et cela avec l'intention de les revendre. Mais
on devait en conclure simplement que le commerçant,
avant de vendre, avait besoin de s'adresser non seulement à l'industriel qui produit, mais encore à l'industriel qui transporte. Or il est évident qu'il y a plus
d'une sorte de modification, qu'on peut faire subir à la
matière, et que le changement du lieu en est une. L'idée
de commerce, c'est-à-dire de vente et d'achat n'est pas
l'idée d'industrie, mais l'idée de transport rentre bien
dans celle d'industrie. « Intus struere » exprime l'action

de l'homme sur la matière. Le commerce n'est pas une
action sur la matière, mais une action de l'homme à
l'occasion de la matière, tandis que le transport est une
action directe sur la matière.

Le mot industrie éveille l'idée de transformation, de
modification, de changement. Or il y a trois change-
ments possibles pour la matière, et même pour toute
substance : le changement dans le lieu, dans la position et dans la forme, le changement dans le nombre
et enfin le changement dans la qualité ; le nombre et
l'étendue constituant ce que les philosophes appellent
la quantité et qu'ils opposent à la qualité. De là trois
sortes de travaux industriels : ceux de transport, de la
division et de la transformation proprement dite, si
par transformation nous entendons la modification des
qualités intimes de la matière. Cette classification des
travaux industriels s'accorde bien avec celle des industries de J.-B. Say et de Dunoyer. Le transport s'y retrouve, les industries extractives rentrent dans le transport,
quand elles se bornent à l'extraction pure et simple,
l'industrie agricole rentre dans la transformation, parce
que la graine tout en étant de même genre que l'épi, il
y a eu modification intime de cette graine ; l'industrie
manufacturière est la transformation proprement dite.
Si à l'extraction, se joint la transformation, l'industrie
n'est plus purement extractive ; par exemple, la taille
du diamant qui suit la découverte de la pierre qui le
contient, ou l'extraction de l'or par les procédés chi-

miques, après que le sable aurifère a été recueilli par les orpailleurs, ne constituent pas une industrie purement extractive. Mais ici, la difficulté pour notre classification est la même que pour tous les économistes, car il est impossible de ranger parfaitement une infinité d'industries, qui recourent d'ailleurs pour la plupart aux trois genres d'action : le transport, la division et la transformation. Si la division n'a pas fixé l'attention dès l'abord, c'est parce qu'elle est pour le langage courant, une transformation ; par exemple, l'action du scieur de long qui débite les arbres est une division. L'opinion commune a tort, car le transport n'est qu'un changement de lieu et au point de vue théorique, la division est un changement de nombre. Diviser, c'est faire d'un plusieurs. Au point de vue d'ailleurs qui nous occupe, nous préférons à la classification des industries, celle des travaux constitutifs de l'industrie.

Le mot industrie éveille ensuite l'idée d'action sur la matière. Aussi serait-ce trop étendre le sens du mot que de lui faire désigner toute production de richesses, car la santé, par exemple, une œuvre d'art, sont des richesses, et le médecin et l'artiste ne sont pas des industriels. Ce qu'on appelle vulgairement des services, qu'ils soient rendus par ceux qui s'adonnent aux professions libérales ou par des domestiques, ne sont pas réputés travaux industriels. Le travail intellectuel peut être par suite industriel, s'il s'applique directement à la transformation de la matière (nous disons directement, car on pourrait prétendre que le médecin, qui soigne l'ouvrier malade, contribue à la production); ainsi le travail des employés de bureaux dans l'industrie est industriel, car l'usine ne serait pas complète sans ces bureaux. En revanche, il faudrait considérer les travaux de l'ingénieur ou du chimiste comme non industriels, car s'ils contribuent aux progrès de l'industrie, ils n'agissent pas directement sur la matière pour la transformer : ils ont imaginé la transformation ses moyens, mais ils n'exercent aucune action sur la matière.

En résumé, ne sont pas industriels, les travaux dans les professions libérales, ceux des domestiques attachés à la personne, ni ceux des commerçants.

Il importait d'établir cette définition d'autant plus qu'il faudrait atteindre la petite aussi bien que la grande industrie, ainsi que tous les travaux industriels dans le commerce.

Une seconde question se présente : la loi doit-elle énoncer un principe sauf à exprimer les exceptions dans un article subséquent ou au contraire doit-elle être énumérative des travaux défendus et ne s'appliquer strictement qu'à eux ? La question n'est pas oiseuse, car la loi de 1892 ne reproduit pas le principe : « Le travail industriel est interdit..... », mais porte que le « travail est interdit dans les usines, manufactures, mines, etc..... »

Il semble plus logique de choisir la manière de faire

des législateurs étrangers, qui ont énuméré les exceptions au principe, les travaux permis : elle présente en
effet des avantages de plusieurs sortes.

En énumérant dans la loi les divers établissements
ou lieux de travail où le repos sera de règle le dimanche, on risque d'énerver l'application. Si habile que
soit le législateur, il est certain qu'il oubliera toujours
quelques sortes d'établissements dans son énumération.
S'il veut, par une retouche, remanier son œuvre, ce
qui dès l'abord est déjà du temps perdu, à quoi abou-
tira-t-il ? Pour éviter une nouvelle méprise, il rendra
les termes de la loi plus larges : mais n'est-ce pas là reconnaître l'avantage qu'il y a de poser un principe simple ? Avec le système de l'énumération des travaux défendus, qui est forcément limitative, sans quoi elle
perdrait sa raison d'être, on ne peut qu'appliquer la loi
aux établissements strictement prévus, sans pouvoir
même pratiquer le système de l'analogie.

Une loi qui pose un principe n'est pas seulement
générale, elle est encore d'une application plus commode. Il ne faut pas que les industriels trouvent la
porte ouverte aux abus : il est mauvais qu'une loi prête
à des fraudes dont la chicane puisse s'emparer. En effet
les fabricants, les patrons d'industrie, ce que les mul-
tiples enquêtes de ce siècle, dans tous les pays, ont
montré bien souvent, s'ingénieraient à trouver des
moyens de faire travailler le dimanche dans les sortes
d'établissements non strictement prévus par la loi ; de

même des ouvriers, oublieux de leurs véritables intérêts, s'empresseraient de se prêter à ces combinaisons habiles. Avec une loi de principe, les inspecteurs n'ont pas à se prêter à des discussions avec les industriels, puisque le principe est un et que les exceptions sont limitées ; la religion du juge à son tour est plus facilement éclairée.

Enfin une simple remarque permet de constater que le législateur pourra améliorer son œuvre beaucoup plus facilement ; en effet, il lui suffira de rayer tel genre de travail du nombre des exceptions, au lieu d'être obligé de l'inscrire parmi les travaux où le repos du dimanche sera imposé.

On trouvera également avantage à pratiquer le premier système en ce qu'il consacrera avec logique les observations qui ont été présentées dans les chapitres précédents : le principe sera le repos du dimanche, c'est lui qui doit être la règle générale, et ce n'est qu'après avoir posé la règle qu'on accordera, s'il y a lieu, des exceptions.

Par dimanche, il faut entendre comme la loi suisse d'après l'interprétation de l'inspecteur Schuler, un laps de temps de 24 heures consécutives comptées entièrement ou pour grande partie seulement dans la journée du dimanche civil : ainsi le dimanche légal peut commencer le samedi à six heures du soir pour se terminer le dimanche à la même heure, ou commencer le dimanche à six heures du matin et finir le lundi à la même heure, ou bien encore commencer le dimanche matin à minuit et terminer le lundi à la même heure. Cette solution aurait l'avantage de concilier également le point de vue religieux. Le système allemand de la *Betriebsruhe* a soulevé de vives critiques de la part des industriels. On sait qu'il consiste à imposer à l'établissement un chômage de vingt-quatre heures ; par suite si la première équipe travaille du samedi à six heures du soir au dimanche à six heures du matin, la seconde équipe ne pourra reprendre le travail le dimanche à six heures du soir l'établissement devant chômer le dimanche. L'Etat a-t-il le droit d'imposer un repos à des machines et au matériel ? Que lui importe, puisque l'ouvrier a ses vingt-quatre heures de repos ? Malgré ces critiques, dont il faut tenir compte pour ne pas trop demander et ne rien obtenir, la *Betriebsruhe* est bien supérieure à l'*individuelle Ruhe*. Elle a été introduite dans la loi pour des raisons religieuses et sur les instances du centre, mais qu'on y regarde bien, et l'on verra que le repos, comme nous l'avons compris, suppose que le dimanche ne finit pas à six heures du soir, car il n'a commencé à remplir son rôle de repos utile et libéral que le matin et non la veille au soir : les occupations auxquelles il doit être consacré ne se terminent pas à six heures du soir. Par esprit de conciliation, il ne semble pas non plus, malgré ses grands avantages qu'on doive imposer la règle de l'Autriche. « Le repos du dimanche doit commencer au plus tard

à six heures du matin chaque dimanche et cela *simultanément pour l'ensemble du personnel ouvrier de chaque
exploitation* ; il doit durer au moins vingt-quatre heures (1) ».

Si l'ouvrier n'a pu chômer le dimanche, la loi fixera-
t-elle seulement le repos hebdomadaire ? Si oui, le bénéfice du dimanche pourra être définitivement enlevé
et pour le reste de sa vie à l'ouvrier. — Quand l'industriel obtiendra l'autorisation de faire travailler le dimanche, il sera logique d'exiger de lui qu'il fixe au dimanche à intervalles périodiques, le repos de l'ouvrier,
car c'est la manière la plus commode de concilier les
besoins de l'industrie avec ceux de l'homme, avec ceux
surtout qu'il ne peut satisfaire que le dimanche : le patron
peut, avec de la bonne volonté, faire en sorte que dans
son roulement, le dimanche revienne comme jour de
repos hebdomadaire à peu près une fois sur trois semaines. C'est du moins le chiffre que fixe la loi allemande ; par suite lorsque l'ouvrier aura été occupé le
dimanche pendant plus de trois heures, les industriels
seront tenus de lui accorder chaque troisième dimanche trente-six heures de repos, ou chaque deuxième
dimanche, au moins un repos de six heures du matin
à six heures du soir, en plus du repos hebdomadaire. Il
est vrai, en Allemagne, que les autorités administratives inférieures peuvent dispenser l'industriel de cette

(1) Art. 2 de la loi du 16 janvier 1895.

dernière obligation, lorsque les ouvriers peuvent à la fois remplir leurs devoirs religieux, le dimanche, et jouir d'un repos hebdomadaire de vingt-quatre heures. — L'*Ersatzruhe*, le repos compensatoire existe de même en Autriche.

Le principe posé pour tous les travailleurs de l'industrie, le jour de repos fixé au dimanche à moins d'impossibilité, le chiffre établi de vingt-quatre heures successives de loisir, il y aurait peut-être lieu d'exiger le chômage du samedi après-midi pour les femmes et pour les enfants. La justification de ce paragraphe additionnel serait facile d'ailleurs, si le législateur veut, en effet, que le repos du dimanche soit complet et bienfaisant, il lui faut prendre toutes les mesures qui lui paraîtront utiles en ce sens : le repos du samedi après-midi pour les femmes et les enfants est de celles-là. Le ménage exige des travaux journaliers, mais aussi certains travaux qu'on n'entreprend que périodiquement, généralement toutes les semaines. La ménagère devra nettoyer son logement, laver son linge et faire les menus raccommodages et l'enfant lui est, à cet effet, un auxiliaire donné par la nature. Que deviendra le dimanche, quel rôle social pourra-t-il jouer, s'il est, tout entier ou pour une bonne partie, employé à ces divers travaux ? la réunion de la famille, qui est un des principaux buts de la nouvelle mesure, serait impossible sans ce repos complémentaire. La plupart des législateurs ont compris cet avantage : nous avons vu l'exemple donné par la loi anglaise. C'est également dans cette intention que notre loi de 1892, après avoir fixé à onze heures la durée maxima du travail quotidien, ne permet qu'un total de soixante heures par semaine (1).

(1) Le repos du dimanche sans l'arrêt du samedi, c'est la matinée du dimanche encore consacrée au travail domestique (de Mun).

CHAPITRE VIII

DES EXCEPTIONS AU PRINCIPE DE LA LOI.

Quelles sont les exceptions ? De quelle manière doit-on les autoriser ?

En premier lieu, l'obligation ne s'étendra pas au travail fait au domicile privé. Dans notre droit public (1) il est un principe certain, c'est que la maison de chaque citoyen est un asile inviolable. Notre législateur a montré toute l'importance qu'il attachait à cette règle par le petit nombre d'exceptions qu'il a accordées. Ainsi, pendant la nuit, nul n'a le droit d'entrer dans la maison d'un particulier, si ce n'est dans les cas d'incendie, d'inondation ou de réclamation venant de l'intérieur de la maison (2). Pendant le jour, on peut entrer dans le domicile d'un citoyen pour un objet spécial déterminé ou par un ordre émané d'une autorité publique. Il serait donc bien difficile d'apporter ici une exception de plus à la règle de l'inviolabilité du domicile à laquelle les Français en particulier tiennent tant. Mais encore faudrait-il la tenter cette nouvelle exception, si la situation du travail à domicile le demandait. Faut-il

(1) Constitution du 22 frimaire an VIII, art. 76.

(2) Lois du 5 fructidor an VII, art. 359 ; du 28 germinal an VI, art. 131.

intervenir législativement pour réglementer le travail à domicile? Depuis quelques années surtout, les économistes ont agité cette question et ne sont pas parvenus à s'entendre. Au Congrès international de législation du travail, tenu à Bruxelles en 1897, on posait sous le n° 4, la question suivante : « Convient-il de réglementer les conditions du travail dans la petite industrie et dans l'industrie à domicile? Dans l'affirmative, quelles seraient les mesures pratiques à recommander? » La discussion a été vive, mais on peut en faire ressortir ce fait qu'on a reconnu que la petite industrie où le travail à domicile est le plus fréquent, n'offre pas de garanties sociales supérieures à celles qu'offre la grande industrie. Or on réglemente celle-ci, il faut, à plus forte raison, le faire pour la petite industrie et en particulier pour le travail à domicile. En dehors de ce Congrès M. Schwiedland s'est montré partisan des mesures tendant, c'est le titre de son article dans la *Revue d'Economie politique*, « à la répression du travail en chambre ». Il énumère les maux engendrés par la fabrique collective, entre autres le sweating system et recherche quels remèdes il y aurait à y apporter.

Il y a ici une confusion à éviter. Il faut en effet distinguer la petite industrie, le travail à domicile et le travail en famille. Il est vrai que, dans la pratique, industrie à domicile et petite industrie se rencontreront souvent. Nous avons dit plus haut qu'il y avait tout lieu d'appliquer la loi à la petite industrie : c'est une question d'habitude à faire prendre, et c'est précisément là qu'il y a le plus d'abus à l'heure actuelle.

Quant au travail à domicile, appliquons la loi aux ateliers où sont employées d'autres personnes que les membres de la famille, ainsi que le fait d'ailleurs la loi de 1892 et réservons notre indulgence pour les ateliers de famille, où le travail se fait sous l'autorité du père, de la mère ou du tuteur.

On demande aussi en général que la loi ne s'applique pas aux travaux de l'agriculture. Ce sont bien là des travaux industriels, ainsi que nous l'avons fait ressortir. Cependant la plupart des législations les ont exceptés des règles appliquées à l'industrie. On fait valoir à cet effet que ces travaux sont accomplis en plein air, et dans des conditions favorables à la santé de l'ouvrier, on fait aussi remarquer que le genre du travail n'est pas d'être ininterrompu : les travaux ne durent qu'une saison.

Cependant nous demanderons qu'on applique à l'agriculture la règle commune. En effet, si la plupart des paysans cultivent à leur propre compte, il n'en est pas moins vrai que la grande culture tend à assimiler l'ouvrier agricole à l'ouvrier industriel : si les conditions de santé sont totalement différentes, il n'en reste pas moins que la contrainte est la même.

Le contrôle sera des plus faciles et le régime des exceptions pour les travaux de saison sera des plus simples à organiser : il suffira par exemple, d'un arrêté du maire de la commune.

Nous ne gardons en somme comme exception de principe que celle que nous accordons au travail fait dans les ateliers de famille : il suffira que la loi mentionne qu'elle ne s'appliquera pas à ce genre de travail.

Mais il est un autre ordre d'exceptions :

Il est évident que le repos du dimanche sera inapplicable dans certaines industries, ou du moins ne pourra être observé qu'avec difficulté. Il vient à l'esprit de chacun l'exemple des chemins de fer, qui, par la nature même des services qu'ils rendent, sont utiles au rôle social du dimanche. Il faut donc de toute nécessité établir un régime d'exception. C'est là peut-être la partie la plus délicate de la question ; car si l'on accorde trop facilement des exceptions aux industriels, ceux-ci profiteront de la porte trop largement ouverte aux abus faciles et le principe disparaîtra. Il ne faut pas non plus être par trop strict, pour ne pas dépasser les bornes que les motifs du repos du dimanche ont tracées.

Mais pour quelles raisons accordera-t-on des exceptions? On conçoit qu'il faille avant tout établir un principe : mais la difficulté réside justement dans la définition de ce principe. Puisque le repos du dimanche est impossible à observer dans certaines industries, du moins sans de grands frais hors de proportion avec le but à obtenir, il semble qu'il faille admettre ce principe d'exceptions : celles qui sont commandées par *des nécessités techniques*. Par conséquent les travaux qui par leur nature même ne peuvent pas être interrompus seraient exemptés du repos dominical, il en serait ainsi notamment dans les usines dites à feu continu, de même les travaux qui sont rendus nécessaires par la corruptibilité rapide des matières premières employées, par exemple, dans les sucreries, les tanneries, les fabriques de pâtes alimentaires, etc.

Serait-ce là un cadre suffisant pour donner aux industries l'exception du repos dominical? Nous ne le croyons pas. Et nous pouvons nous baser pour étayer notre opinion sur les expériences faites en Suisse, où cependant le Conseil fédéral est très sévère sur le chapitre des autorisations à accorder. La loi de 1877 portait en effet que les hommes de plus de 18 ans ne peuvent être employés le dimanche, excepté notamment dans des industries exigeant par leur nature un travail continu (art. 14, al. 1er). On entendait par là la nature technique du travail, on ne voulait pas accorder d'exceptions en vue d'augmenter la production, ou pour des considérations économiques. Chaque industriel devait faire une demande en vue d'être autorisé à faire travailler ses ouvriers le dimanche, s'il pensait être dans les termes de la loi pour pouvoir être l'objet de cette exception. En 1886, une sorte de jurisprudence s'était établie, et un arrêté autorisa une fois pour toutes à travailler le dimanche, pendant un certain temps et pour certains travaux seulement, les brasseries et les moulins à farine. Or la meunerie ne peut à aucun titre être classée pour des nécessités techniques parmi les exploitations continues, et c'est uniquement à raison de circonstances économiques, pour défendre cette industrie contre la concurrence étrangère, que l'exception est autorisée. C'est donc là un second principe d'exceptions. On conçoit cependant avec quel scrupule il faut établir la liste des exceptions qui rentreront dans ce cadre : il ne s'agira pas d'accorder des dispenses du chef de l'urgence résultant d'une commande ; il faudra avec beaucoup de circonspection étudier les industries qui ont des similaires à l'étranger et avec lesquelles elles sont en lutte : c'est question de politique protectionniste.

Ces deux principes d'exception ne suffiraient pas : les chemins de fer et tous autres moyens de transport ne rentrent pas dans ces catégories. Ce sera donc un troisième principe, tout à fait conforme aux prémisses posées plus haut, que celui qui accordera des dispenses aux travaux urgents, ou d'absolue nécessité, par exemple ceux qui ont justement pour but de permettre le repos du dimanche à la généralité des citoyens ou ceux qui peuvent causer des incendies, des catastrophes, ou même des travaux d'entretien. C'est sous ce titre que nous admettrons des exceptions à la règle pour les industries de transport, pour les travaux de gardiennage, de réparation des machines, de préparation du travail en vue de sa reprise complète et instantanée dès le lundi matin.

Notre cadre, pour les exceptions, ressemblera donc sensiblement à celui que l'on trouve dans la législation allemande et autrichienne ; l'obligation du repos du dimanche ne s'appliquera pas :

1º Aux travaux indispensables dans les industries qui exigent par leur nature, un travail continu, soit en raison des machines, soit en raison de la perte des matières premières ou des produits ;

2º Aux travaux dont la continuité, pour des raisons d'ordre économique, aura été admise par décret rendu en Conseil d'État ;

3º Aux travaux de toute industrie, lorsqu'ils sont absolument urgents, nécessités par les cas fortuits, ou par l'intérêt public ou par des besoins de chaque jour, par exemple la surveillance des bâtiments d'exploitation.

Ces trois principes seront simplement posés dans la loi : il est évident que d'avance on ne peut énumérer toutes les industries qui seront dispensées. En Allemagne, la législation dominicale de 1891 n'a été rendue applicable à l'industrie qu'à partir du 1ᵉʳ avril 1895. Pendant l'intervalle des commissions étudièrent, des enquêtes firent connaître les nécessités des industries diverses et les vœux des patrons et ouvriers. En Suisse, la loi, nous l'avons dit, posait un principe et ce n'est que par la pratique qu'on arriva peu à peu à fixer une sorte de jurisprudence qui devint alors la base d'arrêtés généraux.

C'est donc par des décisions légales autres que la loi que seront déterminées les différentes industries rentrant sous chaque rubrique.

CHAPITRE IX

LES SANCTIONS.

Si l'on veut que la nouvelle loi soit respectée, il faut
avant tout la munir d'une bonne sanction. Pour qu'une
sanction réunisse les conditions voulues, il faut qu'elle
soit efficace, qu'elle soit proportionnelle, enfin contraire au but qui a été poursuivi par le délinquant. Or
pour être efficace la sanction à adopter doit différer
suivant l'individu qu'elle doit atteindre : contre un riche, une amende plus ou moins forte aura peu de chan-
ces de préserver la société d'un nouveau délit, tandis
que la prison prononcée contre un homme de cette
condition aura quelque chance d'être très efficace.
Contre un individu peu fortuné ou vivant de son travail,
l'amende est au contraire très efficace, parce que la
privation qu'elle impose à cet homme lui sera sensible.
Mais la sanction doit conserver le caractère de justice
qui l'a fait établir : pour cela il faut qu'elle soit proportionnelle à la faute commise, et tout d'abord, d'une
manière intrinsèque, en quelque sorte, proportionnelle
à la gravité de la faute en elle-même, à sa gravité au
point de vue moral. Il faut aussi que la sanction soit
proportionnelle à la gravité extrinsèque du fait, à sa
gravité au point de vue social : le meurtre, le vol sont

sévèrement punis, en vue de la perturbation qu'ils causent à l'ordre social, aux principes qui régissent la société. — Une bonne sanction doit être expiatrice : dans ce but, elle doit amener un résultat contraire à celui qui a été poursuivi par le délinquant. C'est en ce sens que le fonctionnaire qui se laisse corrompre est privé du gain illicite qu'il avait voulu faire et puni en quelque sorte par la peine du talion : il doit être condamné, dit l'article 183 du Code pénal, à une amende double de la valeur des promesses agréées ou des choses reçues, sans que ladite amende puisse être inférieure à deux cents francs.

Si l'on tire les conséquences de ces prémisses, on devra demander contre le patron la prison, contre les ouvriers l'amende et ces deux peines avec une certaine rigueur. Le délit est ici un mépris sans nom des droits de l'homme et de sa dignité. Il est évident que dans nos idées actuelles, cette faute paraît insignifiante, mais il nous faut juger *in abstracto*, et considérer que faire travailler quelqu'un malgré lui est un viol moral. Du côté de l'ouvrier employé, s'il veut travailler le dimanche, il méprise une loi qui a été établie et c'est là un fait grave: on ne doit pas pouvoir impunément se moquer des lois. La faute est socialement grave : les motifs qui auront fait voter la loi du repos dominical sont d'une grande importance pour la société. Que celui qui contrevient par son seul fait à la volonté sociale, qui abuse des forces de l'homme, en supporte les conséquences !

Enfin si l'on vise dans la sanction, à atteindre un résultat opposé à celui que s'est proposé le délinquant, il
est évident qu'ici l'amende seule pourra mener au but
qu'on poursuit. L'industriel occupe des ouvriers pour
augmenter son gain, frappez-le d'une peine qui le prive
à tout jamais du désir de recommencer : pour cela une
amende assez forte et cumulée à l'infini suivant le nombre d'ouvriers indûment employés aura quelque chance
d'être efficace. Quant à l'ouvrier, l'application d'une
amende qui le prive tout au moins d'une partie de son
salaire du dimanche le fera réfléchir sur l'inanité d'une
désobéissance à la loi.

Notre première sanction sera celle de l'obligation du
repos, nous parlerons ensuite des sanctions de règles
accessoires.

Pour punir la violation de la règle du repos du dimanche, on ne peut emprunter les pénalités édictées
par la loi de 1892, qui sont manifestement insuffisantes.
La sanction est inefficace, car à quelque degré de la récidive qu'en soit le coupable, il n'a jamais à craindre la
prison. Elle n'est pas proportionnée à la faute, qui ne
revêt guère plus d'importance qu'une infraction de
simple police. Enfin elle a le tort de prêter à la critique,
en ce sens qu'elle ne frappe que le patron, le chef d'industrie ou son représentant, elle semble dirigée uniquement contre lui. La loi de l'an VI était autrement sévère : pour le premier manquement, la peine était d'une
amende de 15 à 300 francs et la récidive était réprimée

par la même peine augmentée de dix jours de prison. La loi de 1814, qui avait tous les caractères d'une loi de police, avait des sanctions proportionnées au résultat visé : elle se contentait d'une amende de cinq francs. Ce n'est qu'en cas de récidive que le maximum de la peine s'élevait à quinze francs et à cinq jours de prison. La loi allemande punit d'une amende de six cents marks, et, en cas d'insolvabilité, de prison, quiconque aura fait travailler des ouvriers le dimanche. La loi suisse de 1877 punit la première infraction d'une amende de cinq à cinq cents francs ; en cas de récidive, il est loisible aux tribunaux de prononcer indépendamment de l'amende, un emprisonnement qui peut s'étendre jusqu'à trois mois.

De ces exemples concluons le régime nécessaire.

D'abord on a soutenu que frapper l'ouvrier, c'est frapper celui qui n'est pas coupable, c'est punir celui qui n'est que l'agent forcé de son patron, que toute peine risque fort d'être bien vite hors de proportion avec le bénéfice de la modicité du salaire, et enfin que la peine ne peut être que vexatoire ou inefficace, si on l'applique à un prolétaire sans ressources ; ces considérations n'ont jamais arrêté les législateurs : la loi nouvelle frappera l'ouvrier. En effet l'industriel, qui voudra faire travailler ses ouvriers le dimanche, ne manquera pas de chercher à les intimider par toutes sortes de moyens. Quelle singulière puissance de résistance une sanction appliquée aux ouvriers contrevenant à la loi, n'aura-t-elle pas contre la volonté de cet industriel? Les ouvriers pourront s'appuyer sur cette loi, qui ne sera efficace que de cette manière. Si l'on n'applique de pénalités qu'au patron seul, comment recrutera-t-il des ouvriers pour le travail du dimanche? Il conservera tout simplement les seuls ouvriers qui se seront prêtés à ce travail, et ainsi les ouvriers consciencieux ou tout simplement qui veulent voir respecter leurs droits, ne pourront pas s'opposer à cette violation, menacés qu'ils seront d'un congé expéditif. La face des choses sera singulièrement changée, si chaque ouvrier sait que, s'il travaille le dimanche, il aura travaillé pour payer l'amende due à l'État. Bien entendu, la pénalité édictée par la loi sera une amende légère : le juge aura à prononcer, comme dans les contraventions de première classe, une amende de un à cinq francs, à moins qu'il ne fixe lui-même la quotité de l'amende d'après le montant du salaire du dimanche.

Le patron sera toujours poursuivi, soit qu'il ait forcé l'ouvrier au travail, soit que par simple négligence, il ait laissé travailler des ouvriers les jours de repos. Par conséquent, le patron et l'ouvrier étant poursuivis ensemble, il y aura solidarité quant aux frais (art. 54, C. pén.). Les frais qui sont toujours minimes ne seront donc poursuivis contre l'ouvrier que pour sa part : s'il ne peut pas payer, le patron, solidairement responsable, verra sa part de frais s'accroître : est-ce un mal? Mais quelle peine encourra le patron ?

L'infraction ici encore prendra le caractère d'une contravention, qui rendra l'industriel justiciable du tribunal de simple police ; la peine appliquée sera celle des contraventions de troisième classe, c'est-à-dire une amende de onze à quinze francs inclusivement et un emprisonnement de un à cinq jours, ou l'une des deux peines seulement. Bien entendu l'amende sera appliquée autant de fois qu'il y aura eu de personnes employées dans des conditions contraires à la loi. La faute étant caractérisée contravention, une seconde contravention commise par le même individu ne pourra être réprimée à titre de récidive que lorsqu'il aura été rendu contre le contrevenant, dans les douze mois précédents, un premier jugement pour un fait semblable. La loi ajoute ici que pour qu'il y ait récidive, il faut que les deux contraventions aient été commises dans le ressort du même tribunal. Il faut faire exception à la règle dans le cas particulier de la réglementation du travail. Pourquoi en effet cette condition de la récidive est-elle nécessaire ? C'est que justement les contraventions ne s'inscrivent pas au casier judiciaire de l'individu poursuivi ; or il est facile d'obvier à cet inconvénient ; sans précisément ouvrir un casier judiciaire à l'individu condamné une première fois en simple police pour contravention à la loi, il sera du moins tenu par l'inspection, état des condamnations prononcées contre tel ou tel délinquant ; comme le service est unique pour toute la France, il sera bien simple de centraliser les renseignements à Paris. Ainsi toute nouvelle contravention commise par le même individu dans le délai de douze mois, sera considérée comme récidive.

Quelles seront les pénalités requises contre les récidivistes. Celui qui commet une deuxième contravention prouve qu'il n'a pas été touché par la première peine qui l'a puni et ne peut plus invoquer l'ignorance où il était des termes de la loi : bien entendu, nul n'étant censé ignorer la loi, ce n'était pas là une excuse au point de vue du juge, mais seulement au point de vue du législateur, qui peut atténuer la peine portée.

La loi, pour punir sévèrement la nouvelle infraction, lui donnera le caractère d'un délit. Le coupable deviendra justiciable de la police correctionnelle, où il se verra condamner à une amende de seize à trois cents francs et à un emprisonnement de six jours à un mois. Une contravention devenant un délit par suite de la récidive, ce ne sera pas une nouveauté légale : témoin la loi du 23 janvier 1873 sur l'ivresse publique. Et c'est justement en nous inspirant de ses termes que nous demanderons qu'un individu condamné deux fois en police correctionnelle soit déclaré par le second jugement incapable d'exercer pendant deux ans les droits d'être électeur, éligible, juré, d'exercer des fonctions publiques ou de remplir un emploi de l'administration.

En effet, on ne saurait laisser de tels droits à celui qui a abusé des ouvriers placés sous ses ordres. Mais réprimer n'est pas l'unique but d'une bonne loi, il faut prévenir.

Dans ce sens on édicte généralement des mesures préventives, tout d'abord pour ne pas frapper à tort des gens qui se rendraient coupables par ignorance ; c'est pourquoi les lois industrielles prescrivent l'affichage dans les ateliers à des endroits visibles et accessibles pour tous, des articles de la loi et des règlements rendus pour son exécution. Cette mesure tout en portant la loi à la connaissance de chacun, est un obstacle moral à la volonté du patron qui voudrait faire travailler le dimanche et une protection pour l'ouvrier, qui pourra s'appuyer sur une loi dont il connaîtra les termes. Notre loi prescrira en même temps comme mesure de prévention et de contrôle, la tenue par l'industriel d'une liste indiquant les noms de ses ouvriers et des heures de travail fournies par chacun d'eux : l'inspecteur à qui elle devra être présentée sur sa réquisition, pourra ainsi vérifier si les ouvriers observent le repos du dimanche, si les femmes et les enfants jouissent en outre du repos prévu par la loi pour le samedi, si dans les usines où seul le repos hebdomadaire est accordé, les ouvriers jouissent effectivement de ce repos.

Il est évident que la loi devra punir de pénalités différentes les violations de ces mesures préventives, car, en somme, c'est en vue de faire observer la loi, que le législateur prend les mesures qu'il croit utiles. Souvent la loi pourrait avoir été observée sans qu'on eût rempli les mesures préventives prescrites : la société serait satisfaite. Mais comme elle ne statue que sur des généralités, il faut qu'elle établisse une sanction, bien entendu assez faible, pour les contrevenants. Dans cet ordre d'idées, la loi de 1892 n'a pas observé la différence qu'il y a entre la sanction de ces mesures et celle de la violation du repos hebdomadaire : la peine est la même.

Il y aurait lieu pour la première espèce d'infractions à la loi d'appliquer la peine prévue par la loi de 1892 : ce seront des contraventions punies d'une amende de cinq à quinze francs pour la première fois, et la récidive donnera à l'infraction le caractère du délit, rendant par conséquent les délinquants justiciables de la police correctionnelle avec le prononcé d'une amende de seize à cent francs. Ces pénalités, bien entendu, sont spéciales au patron, seul responsable.

Tous ceux, qui réfléchiront au caractère grave de l'infraction à la loi sur le repos hebdomadaire, verront avec la plus parfaite évidence combien encore les sanctions précédentes sont modérées ; la vie de l'homme et sa santé ont été estimées un bien plus haut prix dans l'ensemble de nos Codes.

CONCLUSION

Les raisons de notre thèse ont été résumées dans deux lettres, la première de M. Harrison, Président de la République des États-Unis, la seconde de M. Gladstone, toutes deux adressées à M. Ch. Hill, secrétaire de l'association des ouvriers pour le repos du dimanche, à Londres.

« L'expérience et l'observation m'ont convaincu que toute personne travaillant des mains ou de la tête a besoin d'un repos qu'une observation générale peut seule lui garantir. Les philanthropes et les chrétiens peuvent envisager la question à des points de vue différents, mais soit que nous considérions l'homme comme un animal ou comme un être immortel, nous devons nous unir pour lui assurer le repos que le corps et l'esprit réclament également, afin d'être maintenus dans les meilleures conditions possibles.

Ceux qui ne voient pas le commandement divin dans la Bible, ne pourront manquer de le trouver dans l'homme lui-même. »

Pt. Harrison.

« Si l'observation du repos du dimanche apparaît à beaucoup d'entre mes compatriotes comme une néces-

sité de la vie spirituelle et chrétienne, d'autres, en non
moins grand nombre, le défendent avec une égale éner-
gie, comme une nécessité sociale »

GLADSTONE.

En vain les adversaires de la réglementation du repos
s'appuieront-ils sur l'argument de la violation de la liberté de conscience ou de la liberté de l'individu.

En fait, aux États-Unis, l'Église est complètement
séparée de l'État, la constitution et l'opinion publique
sont d'accord pour condamner toute intervention du
gouvernement dans le domaine religieux, et c'est aux
États-Unis que le repos du dimanche est le mieux observé et le plus protégé par la loi.

En fait encore, c'est dans les pays où la liberté individuelle est le plus respectée, aux États-Unis, en Suisse
et en Angleterre, que l'État a interdit le travail du dimanche. « En tous les temps, les sophistes du libéra-
lisme ont eu matière à protestation : l'abolition de
l'esclavage a été une négation de la liberté des maîtres,
toutes les affirmations du droit populaire sont un attentat à la liberté des rois. Il y a de la sorte, comme
l'écrivait Camille Pelletan, un certain nombre de pré-
tendues libertés qui ont historiquement cette destinée
étrange de se voir refoulées à mesure que la liberté tout
court fait plus de progrès (1). »

(1) Benoist Malon, *Précis de socialisme*, p. 174.

ANNEXES

Allemagne.

Loi de 1891.

Art. 105 a. — Les industriels ne peuvent obliger les ouvriers à travailler les dimanches et jours fériés. Les travaux que les dispositions de la présente loi autorisent à entreprendre, ne tombent pas sous le coup de la disposition précédente. — Les gouvernements des États particuliers déterminent, en tenant compte des conditions locales et religieuses, quels sont les jours qui doivent être considérés comme fériés.

Art. 105 b. — Des ouvriers ne doivent pas être employés les dimanches et jours fériés dans les mines, les salines, les ateliers de préparation mécanique, les carrières de pierre et de sable, les usines, fabriques et ateliers, les chantiers de charpente et autres, les constructions navales et les briqueteries, ainsi que les constructions de toute nature. Le repos à accorder aux ouvriers doit être, au minimum, pour chaque dimanche et jour férié, de vingt-quatre heures ; pour deux dimanches et jours fériés consécutifs, de trente-six ; pour les fêtes de Noël, de Pâques et de la Pentecôte, de quarante-huit heures. La durée du repos doit être comptée à partir de minuit et doit, dans le cas de deux dimanches et jours fériés consécutifs, se prolonger jusqu'à six heures du soir du second jour. Dans les établissements qui ont normalement un poste de jour et un poste de nuit, le repos ne peut commencer avant six heures du soir du jour ouvrable qui pré-

cède, ni après six heures du matin du dimanche ou du jour férié, si l'établissement est arrêté pour les vingt-quatre heures
qui suivent le début du repos.....

ART. 105 c. — Les dispositions de l'article 105 b. ne s'appliquent pas :

1° Aux travaux qui doivent être exécutés sans retard dans des
cas d'urgence ou d'intérêt public ;

2° Pour un dimanche, aux travaux nécessaires à l'exécution
d'un inventaire prescrit par la loi ;

3° A la surveillance des installations industrielles, aux travaux de nettoyage et d'entretien que nécessite la marche régulière de l'établissement lui-même ou d'un autre établissement,
ainsi qu'aux travaux dont dépend la reprise complète du travail
des jours ouvrables, à moins que ces travaux ne puissent être
exécutés pendant des jours ouvrables ;

4° Aux travaux qui sont nécessaires pour éviter la perte de
matières premières ou la malfaçon de produits industriels, à
moins que ces travaux ne puissent être exécutés pendant des
jours ouvrables.

5° A la surveillance de l'exploitation, si elle a lieu les dimanches et jours fériés en vertu des n°ˢ 1 à 4.

Les industriels qui occupent des ouvriers les dimanches et
jours fériés à des travaux de la nature indiquée aux n°ˢ 1 à 5,
doivent présenter un état sur lequel doivent être portés, pour
chaque dimanche et jour férié, le nombre des ouvriers occupés,
la durée de leur occupation et la nature des travaux exécutés.
L'état doit être, à toute époque, présenté sur sa demande, à l'autorité de police locale, ainsi qu'à l'agent désigné dans l'article
139 b. (l'inspecteur du travail).

Dans les travaux désignés aux n°ˢ 3 et 4, s'ils durent plus de
trois heures ou s'ils empêchent les ouvriers d'assister au service
divin, les industriels doivent accorder la liberté à tout ouvrier,

soit tous les trois dimanches pendant trente-six heures pleines,
soit tous les deux dimanches au moins de six heures du matin à
six heures du soir. — Des dérogations aux prescriptions du précédent paragraphe pouvant être accordées par l'autorité administrative inférieure, si les ouvriers ne sont pas empêchés d'assister au service divin du dimanche et si un repos de vingt-
quatre heures leur est accordé pendant un jour de la semaine au
lieu du dimanche.

Art. 105 d. — Pour des industries déterminées, en particulier pour des entreprises dans lesquelles on effectue des travaux
dont la nature ne permet aucune interruption ni retard, ainsi
que pour les entreprises que leur nature limite à certaines pé-
riodes de l'année, extraordinairement accrue, une décision du
Conseil fédéral peut autoriser des dérogations à la disposition
du paragraphe 1er de l'article 105 b. — La réglementation des
travaux autorisés dans ces entreprises les dimanches et jours
fériés et celle des conditions auxquelles ils sont autorisés, ont
lieu uniformément pour toutes les entreprises de la même nature et en tenant compte de la disposition du paragraphe 3 de
l'article 105 c. — Les dispositions prises par le Conseil fédéral
doivent être publiées dans le *Reichsgesetz-blatt* et porté à la
connaissance du Reichstag lors de sa plus prochaine réunion.

Art. 105 e. — Pour des industries dont l'exercice total ou par-
tiel les dimanches ou jours fériés est nécessaire à la satisfaction
de besoins quotidiens, ou particulièrement marqués, en ces
jours, de la population, ainsi que pour des entreprises qui travaillent exclusivement ou principalement avec des moteurs actionnés par le vent ou par une force hydraulique irrégulière, une
disposition de l'autorité administrative supérieure peut autoriser
des dérogations aux dispositions formulées dans l'article 105 b.
La réglementation de ces dérogations doit être opérée en tenant
compte des dispositions du paragraphe 3 de l'article 105 c. —

La procédure en matière de demandes de dérogation pour entreprises travaillant exclusivement ou principalement avec des moteurs actionnés par le vent ou par une force hydraulique irrégulière, est régie par les prescriptions des articles 20 et 21.

ART. 105 f. — Si, pour éviter un dommage démesuré, il devient nécessaire, sans qu'on ait pu le prévoir, d'occuper des ouvriers les dimanches et jours fériés, l'autorité administrative inférieure peut accorder, pour un temps déterminé, des dérogations à la disposition du paragraphe 1er de l'article 105 b. — La décision de l'autorité administrative inférieure doit être formulée par écrit et communiquée sur place par le chef d'entreprise à l'agent chargé de la surveillance si celui-ci en fait la demande. Une copie de cette décision doit être affichée à l'intérieur du lieu de travail à une place aisément accessible aux ouvriers. — L'autorité administrative inférieure doit tenir un état des dérogations qu'elle accorde, état dans lequel doivent être mentionnés le lieu de l'exploitation, les travaux autorisés, le nombre des ouvriers qui sont occupés dans l'entreprise et ceux qui ont travaillé pendant les dimanches et jours fériés déterminés, la durée de leur travail, ainsi que la durée et les motifs de l'autorisation.

ART. 105 g. — L'interdiction du travail pour les ouvriers, les dimanches et jours fériés, peut être étendue à d'autres industries, par ordonnance impériale, avec l'approbation du Conseil fédéral. Ces ordonnances doivent être portées à la connaissance du Reichstag lors de sa plus prochaine réunion. Les dispositions des articles 105 c. à 105 f. s'appliquent aux dérogations à l'interdiction qui peuvent être accordées.

ART. 105 h. — Les dispositions des articles 105 a. à 105 g. ne sont pas en contradiction avec les restrictions apportées par la législation des États particuliers au travail des dimanches et jours fériés. — Aux autorités centrales de chaque État reste réservé le droit d'accorder des dérogations à la prescription du paragraphe 1ᵉʳ de l'article 105 b. pour les jours fériés qui ne tombent pas un dimanche. Cette disposition n'est pas applicable aux fêtes de Noël, du Jour de l'An, de Pâques, de l'Ascension et de la Pentecôte.

Aʀᴛ. 105 i. — Les articles 105 a. (§ 1ᵉʳ), 105 b. à 105 g. ne s'appliquent ni aux hôteliers et cabarets, ni aux exécutions musicales, ni aux expositions, ni aux représentations théâtrales ou autres divertissements, ni à l'industrie des transports. — Les industriels ne peuvent, les dimanches et jours fériés, obliger les ouvriers de ces entreprises qu'aux travaux qui, en raison de la nature de l'industrie, n'admettent aucun retard ni interruption.

Aʀᴛ. 146 a. — Est passible d'une amende pouvant atteindre 600 marks et, en cas d'insolvabilité, d'emprisonnement, quiconque donne du travail à des ouvriers les dimanches et jours de fête, contrairement aux articles 105 b. à 105 g. ou aux ordonnances rendues en vertu de ceux-ci..., ou qui contrevient aux dispositions statutaires formulées en vertu de l'article 105 b (§ 2).

Aʀᴛ. 149, § 1, n° 7. — Quiconque néglige de se conformer à l'obligation qui lui est imposée en vertu de l'article 105 c...... est passible d'une amende pouvant atteindre 30 marks et en cas d'insolvabilité, d'emprisonnement pouvant atteindre 8 semaines.

Aʀᴛ. 151, § 1. — Si des prescriptions de police ont été violées dans l'exercice de l'industrie par des personnes que l'industriel avait préposées soit à la direction de son établissement ou d'une partie de ce dernier, soit à la surveillance, ce sont ces personnes qui sont passibles de la pénalité. L'industriel est punissable en même temps qu'eux, s'il a été prévenu de la contravention ou s'il n'a pas apporté le soin nécessaire soit à la surveillance que la situation le mettait en mesure d'exercer personnellement sur l'établissement, soit au choix ou à la surveillance des directeurs techniques ou surveillants.

Art. 41 a. — Si les dispositions des articles 105 b. à 105 h. interdisent le travail des aides, apprentis et ouvriers des entreprises commerciales les dimanches et jours fériés, une exploitation industrielle ne peut pas avoir lieu en ces jours dans des lieux de vente publics. Cette disposition n'empêche pas les restrictions que les législations des Etats particuliers peuvent apporter à l'exercice de l'industrie les dimanches et jours fériés.

Art. 55 a. — Les dimanches et jours fériés (art. 105 a, § 2), l'exercice de l'industrie ambulante est interdit dans la mesure où il tombe sous le coup de l'application de l'article 55, § 1 (nos 1 à 3) ; il en est de même du travail des personnes désignées à l'article 42 b. (1). L'autorité administrative inférieure peut accorder des dérogations. Le Conseil fédéral a le pouvoir de déterminer les cas et conditions dans lesquels des dérogations peuvent être accordées.

Suisse.

Loi du 23 mars 1877.

Art. 14. — Sauf les cas d'absolue nécessité, le travail est interdit le dimanche, excepté dans les établissements qui, par leur nature, exigent un travail continu, et auxquels l'autorisation nécessaire prévue à l'article 13 (2) a été accordée par le Conseil fédéral. Même dans les établissements de cette catégorie chaque ouvrier doit avoir un dimanche libre sur deux.

(1) Les articles 42 b. et 55 visent des restrictions (obligation de demander une autorisation ou un billet), apportées à l'exercice des industries ambulantes.

(2) L'art. 13 prescrit en effet que les industriels qui estiment avoir droit à une exception, doivent justifier, auprès du Conseil fédéral, que leur industrie nécessite ce genre d'exploitation, c'est-à-dire, ici, le travail du dimanche.

Art. 15. — Les femmes ne peuvent en aucun cas être employées au travail.... du dimanche.

Art. 16. — .... Il est interdit de faire travailler le dimanche des jeunes gens âgés de moins de 18 ans.

Art. 19. — Sans préjudice de la responsabilité civile, toute contravention aux prescriptions de la présente loi ou aux ordres écrits de l'autorité compétente, sera frappée, par les tribunaux, d'amendes de 5 à 500 francs. En cas de récidive, il est loisible aux tribunaux de prononcer, indépendamment de l'amende, un emprisonnement qui peut s'étendre jusqu'à trois mois.

Angleterre.

Loi du 27 mai 1878.

Art. 11. — Dans les filatures, le travail des adolescents et des femmes sera réglé comme suit :.... Le samedi, si le travail commence à six heures du matin et que le temps du repos soit d'au moins une heure, le travail de fabrication cessera à une heure de l'après-midi, et tout autre travail à une heure et demie ; si le temps du repos est moindre qu'une heure, le travail de fabrication cessera à midi et demie, et tout autre travail à une heure de l'après-midi. — Lorsque la journée du samedi commencera à 7 heures du matin, le travail de fabrication cessera à une heure et demie et tout autre travail à deux heures de l'après-midi. — Le temps du repos sera pris sur la durée, ci-dessus fixée, de la journée de travail ; il sera, le samedi, d'au moins une demi-heure....

Art. 12. — Dans les filatures, le travail des enfants sera réglé comme suit : .... Le samedi, la durée de travail sera, pour eux, la même que pour les adolescents. Les enfants employés à la demi-journée ne pourront travailler.... deux samedis de suite.

Art. 13. — Dans les usines autres que les filatures, la journée

de travail des adolescents et des femmes... le samedi, durera de
six heures ou de sept heures du matin (1) à deux heures de l'a-
près-midi. Le temps des repos sera..., le samedi, d'au moins une
demi-heure.

Art. 14. — Dans les usines autres que les filatures, et dans
les ateliers, les enfants.... la demi-journée du matin commencera
à 6 heures ou à 7 heures, et finira au commencement du temps
du dîner et au plus tard à une heure de l'après-midi. Cette
règle s'applique même au samedi. — Les enfants employés à
la demi-journée ne pourront travailler le samedi aux mêmes
heures que les autres jours de la même semaine.

Art. 15. — Dans les ateliers où des femmes seront employées
avec des enfants ou des adolescents, la durée et les conditions
du travail seront, pour elles, les mêmes que pour les adolescents.
— Dans les ateliers où ne seront employés ni enfants ni adolescents, les femmes pourront travailler... le samedi, de 6 heures
du matin jusqu'à 4 heures de l'après-midi. Elles auront, tant pour
les repas que pour sortir de l'atelier, le samedi... au moins deux
heures et demie.

Art. 17. — Les établissements industriels, installés dans un
local privé servant à l'habitation, où les membres d'une même
famille sont seuls admis au travail et où l'on n'emploie aucun
moteur mécanique, ne sont pas soumis aux règles ci-dessus tou-
chant le travail des enfants et des adolescents. Dans ces établissements : 1º et 2º la journée de travail des adolescents pourra...
le samedi, commencer à six heures du matin et finir à 4 heures
de l'après-midi ; 3º les adolescents auront, tant pour les repas
que pour sortir.... le samedi, au moins deux heures et demie ;
4º les enfants pourront travailler le samedi d'une heure de l'après-

(1) Ou quand il commence à 7 heures du matin, à 3 heures de l'après-
midi ; ou commencer à 8 heures du matin et finir à 4 heures de l'après-
midi (art. 36, act de 1895).

midi à 4 heures du soir ou de 6 heures du matin à une heure de
l'après-midi ; 5° …. ne pourront travailler… le samedi aux mêmes heures que les autres jours de la même semaine.

Art. 18. — Le samedi, le temps de travail pour les adolescents et les femmes, dans les établissements autres que les filatures, pourra être le même que les autres jours, s'il n'a pas dépassé huit heures chaque jour dans la semaine, et à la charge
par le patron d'avertir l'inspecteur par lettre et les ouvriers par
affiches.

Art. 21. — Les enfants, les adolescents et les femmes ne
pourront être employés le dimanche, hors les cas exceptés par
la présente loi, dans les établissements industriels.

Art. 83. — Le patron de l'établissement où des enfants, des
adolescents ou des femmes seraient employés contrairement aux
prescriptions de la présente loi, sera puni d'autant d'amendes
de 3 livres au plus, qu'il aura employé d'enfants, d'adolescents
ou de femmes. S'il s'agit d'un atelier domestique, dans le sens
de l'article 16 de la présente loi, l'amende sera de une livre…,
au maximum.

Art. 84. — Seront passibles d'une amende de vingt shillings
au maximum pour chaque contravention : — Les parents des
enfants ou adolescents employés dans un établissement industriel
contrairement à la présente loi, à moins qu'ils prouvent que la
contravention a été commise sans qu'il y ait eu de leur part
consentement, connivence ou inaction volontaire.

Art. 86. — Si l'auteur d'une infraction à raison de laquelle
le patron d'un établissement est passible d'amende en vertu de
la présente loi est, en fait, un agent, préposé, ouvrier de ce
patron, il sera puni comme s'il était lui-même le patron.

Art. 88. — En cas de contraventions successives de même
nature, le montant des amendes prononcées ne pourra dépasser
le maximum de l'amende applicable aux contraventions de cette

nature. Il en sera autrement si la contravention est commise après qu'une poursuite aura été intentée pour une contravention antérieure de même nature, ou si la contravention consiste dans l'emploi illégal de deux ou plusieurs enfants adolescents ou femmes.

Vu :

Le Président,
RAOUL JAY.

Vu :

L'assesseur,
GÉRARDIN

Vu et permis d'imprimer :

Le Vice-Recteur de l'Académie de Paris,
GRÉARD.

BIBLIOGRAPHIE

I. — *Sur l'intervention de l'Etat* (Principaux ouvrages).

Cauvès (M.). — Cours d'Economie politique, t. Ier, p. 168 seq., et
passim .
Spencer. — Essais de politique.
— L'individu contre l'État.
— Introduction à la science sociale.
Challemel-Lacour. — La philosophie individualiste.
Stuart-Mill. — Principes d'Economie politique.
— La liberté.
Leroy-Beaulieu. — L'État moderne et ses fonctions.
Say (J.-B.). — Cours complet d'Economie politique.
Say (Léon). — Le socialisme d'État.
Dupont-White. — L'individu et l'État.
Dunoyer. — Liberté du travail.
Courcelle-Seneuil. — Traité d'Economie politique.
Huet (Fr.). — Le règne social du christianisme.
Bastiat. — Harmonies.
Rossi. — Cours d'Economie politique.

II. — *Sur les législations étrangères.*

— Enquête faite par les soins de l'Office du travail belge sur le travail
du dimanche dans les pays étrangers, t. V, Bruxelles, 1896.
— Recueil des rapports des secrétaires de légation de Belgique, de
Ramaix, 1889.

ALLEMAGNE.

Büttner. — Die Sonntagsruhe im Gewerbebetriede und im Handels-
gewerbe. Leipzig, Verlag von Alb. Berger, 1895.
Stieda (W.). — Die Reichsenquete über Sonntagsarbeit.
En outre, bibliographie importante donnée dans le dictionnaire de
Konrad.
Morisseaux. — Législation du travail, t. Ier.

Dufourmantelle. — De la question du dimanche dans les pays de langue allemande. *Revue de sociologie*, 1895.

Weber. — Rapport au Congrès de Bruxelles, 1897.

Lefébure (L.). — Un plébiscite sur le repos légal du dimanche. Etat de la question en Allemagne. Paris, 1890.

Autriche.

Max Mandl. — Die zulæssige Sonntagsbeit. Wien, 1895.

Bibliographie donnée en tête du rapport fait par les soins de l'Office du travail belge sur le travail du dimanche.

Angleterre.

Schœlcher (Victor). — Sunday Rest. London. The sunday. Morning's dream. London.

De Rousiers (P.). — La question ouvrière en Angleterre, 1895.

Suisse.

Schuler (Dr F.). — Die Verkürtzung der Sammstag-Nachmittag Fabrikarbeit in der Schweiz. Braunsarchiv., XI, 252.

V. l'importante bibliographie dans le rapport de M. Waxweiler sur le travail du dimanche en Suisse. Office du travail belge.

— Entwickelung der Arbeiterschutzgesetzgebung. *Archiv. de Braun*, 1893.

III. — *Législation française.*

Documents parlementaires.

Loi de 1841. — *Moniteur officiel* de 1840, p. 64, 89, 350, 417, 425, 432, 440, 458, 466, 701, 1181, 1292, 2483, 2503, 2511, 2522, 2540, 2548, 2554.

Loi de 1874. — *Journal officiel* du 27 juin 1871, annexes 333 ; 23 août 1871, annexes 453 ; 30 mai 1872, annexes 1132 ; 26 novembre 1872 ; 23 janvier au 11 février 1873 ; 19 et 20 mai 1874.

Loi de 1880. — *Journal officiel* du 20 décembre 1877, annexes, n° 170 ; 14 juin, annexes, n° 1419, 1879 ; 11 juin, 2 décembre 1879 ; 15 décembre 1879, annexes, n° 18 ; 18 mars 1880, annexes, n° 97 ; 7, 14, 25, 27 mai 1880 ; 7 juin 1880, annexes, n° 2666 ; 12 juin 1880.

Loi de 1892. — *Journal officiel*, juillet 1888, annexes, n° 2204, p. 656 ; 2, 9, 11, 12, 14, 16, 18, 19 juin 1888 ; 29 janvier, 2, 4, 5 février 1889, annexes (Sénat), p. 119, n° 56 ; 1889 ; 3 janvier 1890, annexes, n° 182, p. 291 ; 4, 5 juillet 1889 ; 25, 26, 28, 29 novembre 1889 ; 20 mars 1890, annexes, n° 221, p. 380 ; 4 septembre 1890, annexes, n° 649, p. 1082 ; 5, 7, 9 juillet 1890 ; 27 et 31 janvier, 2, 3, 5, 7 février 1891 ; 28 mai 1891, annexes, n° 19, p. 6 ; 25 septembre 1891, annexes, n° 138, p. 201 ; 3, 6, 7, 9, 10, 16, 17 juillet 1891 ; 22, 26, 27 octobre, 5 et 9 novembre 1891 ; 10 février 1892, annexes, n° 1732 ; p. 2771 ; 20 février 1892, n° 1750, p. 2844.

Journal officiel du 19 décembre 1891 ; 24 février 1892, annexes, n° 107, p. 833 ; 3 octobre 1892, annexes, n° 30, p. 220 ; 22, 28, 29 mars 1892 ; 2 août 1892, annexes, n° 2039, p. 765 ; 27 septembre 1892, annexes, n° 2171, p. 1270 ; 29 octobre 1892.

COMMENTAIRES DE LA LÉGISLATION FRANÇAISE.

Lagrésille. — Commentaires de la loi de 1892.

Blondel. — Le travail des enfants et des femmes dans les manufactures. Etude sur la loi de 1874.

Bouquet. — Le travail des enfants et des filles mineures dans l'industrie, 1885.

Nusse et Périn. — Commentaires de la loi de 1874. 1884.

De Chauveron et Berge. — Du travail des enfants et des filles mineures employés dans l'industrie. Commentaires de la loi de 1874.

Duval-Arnoult. — Essai sur la législation française, du travail des enfants, 1888.

Sur le repos hebdomadaire et dominical. — Ses effets.

Congrès sur l'observation du dimanche. Genève, 1877.

Congrès international du repos hebdomadaire. Paris, 1889.

Congrès national du repos du dimanche. Paris, 1892.

Congrès du repos du dimanche. Bruxelles, 1897.

Congrès international de législation du travail. Bruxelles, 1897.

Congrès de protection ouvrière. Zurich, 1897.

Lefort (J.). — Du repos hebdomadaire au point de vue de la morale, de la culture intellectuelle et du progrès de l'industrie. Paris, 1874.

Lescuyer (F.). — Recherches sur le dimanche, 1877.

Baudrillard. — De l'utilité du repos hebdomadaire pour les enfants et les adultes au triple point de vue de la morale, de la culture intellectuelle et du progrès de l'industrie. Comptes rendus de l'Académie des sciences morales et politiques, mars 1873.

Hayem. — Du repos hebdomadaire. Paris, 1873.

De Montalembert. — Rapport sur la loi du dimanche à l'Assemblée nationale du 10 décembre 1850. Paris, Lecoffre et Cie.

Fourrier. — Le repos du dimanche, 1890.

Garmeron. — Le repos du dimanche. Paris, 1882.

Gibon (F.). — La croisade du dimanche. Versailles, 1889.

— La nécessité sociale du dimanche. Paris, 1891.

Rautlin de la Roy (R. de). — Le travail et le repos du dimanche. Paris, 1891.

Rabaud. — Le repos hebdomadaire. Genève, 1870.

Naville (E.). — La loi du dimanche au double point de vue social et religieux.

T'Kint de Roodenbeke. — La réglementation du travail et la conférence de Berlin.

Verhægen. — Le repos du dimanche et l'intervention législative. Rapport Bruxelles, 1897.

de la Grasserie (R.). — Obligation pour les travailleurs de s'abstenir de tout travail manuel à certains jours déterminés.

Léon XIII. — Encyclique *de conditione opificum*.

Brentano. — Rapports entre le salaire, la durée du travail et la productivité. *Rev. d'Econ. pol.*, 1893.

Miss Jeans. — Effets de la législation sur les fabriques en Angleterre. *Rev. d'Econ. pol.*, 1892.

Bulletin des diverses ligues et sociétés pour le repos du dimanche :

La ligue populaire pour le repos du dimanche. Siège social, 15, rue de la Ville l'Evêque. Paris.

Association pour le repos et la sanctification du dimanche, 35, rue de Grenelle. Paris.

Association française pour le repos du dimanche.

OEuvre dominicale de France.

TABLE DES MATIÈRES

Imp. J. Thevenot, Saint-Dizier (Hte-Marne).

www.ingramcontent.com/pod-product-compliance
Ingram Content Group UK Ltd.
Pitfield, Milton Keynes, MK11 3LW, UK
UKHW020134130726
13696UKWH00001B/345